장자,
사기를 당하다

탐 철학 소설 04

장자, 사기를 당하다

초판 1쇄 2013년 6월 10일
초판 4쇄 2020년 9월 28일

지은이 김종옥

책임 편집 황여진
마케팅 강백산, 강지연
디자인 땡스북스 스튜디오, 유민경
표지 일러스트 박근용

펴낸이 이재일
펴낸곳 토토북

주소 04034 서울시 마포구 양화로11길 18 3층 (서교동, 원오빌딩)
전화 02-332-6255 | 팩스 02-332-6286
홈페이지 www.totobook.com | 전자우편 totobooks@hanmail.net
출판등록 2002년 5월 30일 제10-2394호
ISBN 978-89-6496-143-8 44100
ISBN 978-89-6496-136-0 44100 (세트)

- 이 책의 사용 연령은 14세 이상입니다.
- 탐은 토토북의 청소년 출판 전문 브랜드입니다.
- 이 책은 푸른디딤돌 출판사의 《장자, 사기를 당하다》의 개정판입니다.

장자,
사기를 당하다

김종옥
지음

04
탐
철학
소설

차례

개정판 머리말

여전히 살아가는 이야기

《장자, 사기를 당하다》는 이런 꿈을 꾸는 장자와 그의 친구들이 있는 마을이 있었으면 좋겠다고 상상해서 만든 이야기였습니다.《공자, 지하철을 타다》에 나왔던 등장인물과 배경도 그대로 이어 갔습니다. 중국 철학의 원류인 이들을 한 공간에 두고서 각자의 개성대로 살아가는 모습을 엿보려고 했기 때문입니다. 해놓고 보니, 정말 글자 그대로 살짝 '엿보기'만 한 이야기가 되고 말았습니다. 공자·맹자·장자는 이 글에서 소박한 삶을 산 것처럼 묘사되어 있지만, 실은 워낙 할 얘기가 많은 인물입니다. 그러니 마치 빙산의 일각처럼, 크고 넓은 철학 사상 가운데 작은 한 귀퉁이만을 들어서 이야기를 이어 간 것이 아닌가 하는 미안한 마음이 여전합니다.

그래도 장자를 주인공으로 한 이 소박한 이야기를 읽고서 장자에 관한 관심이 생겨《장자》를 읽기로 마음먹은 이가 있었다는 말을 들으니, 부끄럽기도 하고 고맙기도 합니다. 앞으로도 부디 방대한《장자》읽기에 도전하는 독자가 더욱 많이 생겨나기를 바랍니다.

개정판《장자, 사기를 당하다》를 내기에 앞서 잠시 망설였습니다. 몇 년의 시간이 흘렀으니 그 몇 년 사이에도 장자와 그 친구들은 또 다른 이야기 속의 삶을 살았을 것입니다. 그것을 다 담아 내지 못하는 아쉬움이 있었습니다만, 그 이야기는 우리 각자의 상상으로 계속 이어 갔으면 합니다. 고전이란 늘 생생하게 살아있는 이야기이거든요.

무엇이 진짜배기냐, 하는 장자의 거대한 질문은 지금도 저의 화두입니다. 삶의 모든 순간마다, 삶의 모든 곳에서 그 질문에 맞닥뜨립니다. 그러고 보면 장자의 매혹은 꽤 강렬한 것 같습니다.

2013년 초여름에

김종옥

이 책의 등장인물

장주

이 이야기 속 주인공으로 공자, 맹자의 친구이다. 맹자네 식당에 채소를 대느라 작은 밭농사를 짓다가, 친구 혜시의 죽음을 겪은 뒤 강원도의 산속으로 들어가 맘 맞는 이들과 함께 공동체 마을을 꾸린다. 춘추 전국 시대 사상가 장자를 빗댄 인물로서, 장주는 장자의 이름이다. 천성이 속박을 싫어하고 자유롭고 담대하다.

공자

장주의 오랜 친구로 직업은 발명가이다. 역시 춘추 시대 사상가 공자를 빗댄 인물로서, 원래는 장자보다 시기적으로 한참 앞서지만 여기서는 친구로 설정했다.

맹자

역시 장주의 오랜 친구로 주막 겸 식당을 운영하고 있는 열혈 여성이다. 성격이 호탕하고 포용력이 있어 그의 식당엔 언제나 사람들이 들끓는다. 실제로 장자와 거의 같은 시대에 활약한 유가 사상가 맹자를 빗댄 인물이다. 여기 등장하는 그의 딸 '호연'의 이름은 《맹자》에 나오는 '호연지기(浩然之氣)'에서 따왔다. '백우'라는 이름의 아이를 입양했다.

혜시

장주의 절친한 친구로 대학 교수이다. 장주와 함께 논쟁을 벌이는 것을 즐거움으로 삼는 인물이다. 실제로도 장자의 친구였으며, 이 둘이 벌인 많은 논쟁은《장자》곳곳에 기록되어 있다.

양주, 묵적

장주의 친구로 설정된 인물들인데 원래는 춘추 전국 시대 사상가이다. 양주는 자기 자신의 생명을 그 무엇보다도 귀하게 여기고 사랑할 것을 주장하여 철저한 개인주의자라는 평을 받았고, 묵적은 반대로 세상 모든 사람을 차별 없이 고르게 사랑할 것을 주장하는 '겸애설'의 주인공으로 알려져 있다.

얀춉

맹자네 식당에서 일을 하다가 장주의 마을 '무하유'로 떠나는 얀춉은 티베트계의 네팔인이다. 장주와 맹자, 공자의 좋은 친구가 된다. 장주부터 양주, 묵적까지는 실제 춘추 전국 시대에 활약한 사상가를 모델로 만든 인물이고, 얀춉은 이 이야기 속에서 만들어진 인물이다.

초판 머리말

진짜배기에 관한 오랜 수다

오래도록 갖고 있는 궁금증이 있다.
무엇이 진짜이고 무엇이 가짜일까, 누가 진짜이고 누가 가짜일까.
진짜배기를 가려내는 일은 거의 불가능한 것처럼 보인다.
타고난 눈썰미가 없는지라 오래 만난 사람도 그가 진짜인지 가짜인지를 가려내지 못한다.

나 자신에게조차 나는 진짜인지 가짜인지 알 수 없다.
그것이 내 삶을 고단하게 만들었다. 내가 나에게조차 가짜라면, 나는 가짜인 나와 함께 언제까지 살아야 하는 걸까. 모두는 진짜가 섞인 가짜, 가짜가 섞인 진짜인 척하는 가짜, 이렇게 둘로 나눌 수 있다는 잠정 결론조차도 마음을 편하게 해 주지는 못했다.

봄밤 내내 수다쟁이 장자를 불러다 수다를 떨었다.
중국 고대 철학사상 가장 화끈한 수다쟁이가 그다.
그와도 내내 진짜를 가려내는 법, 가짜를 뭉개는 법에 대해 이야기했다.
무위자연이니, 자유니, 차별을 넘어서는 경지니…… 그의 철학을 대변하는 많은 단어가 있지만, 결국 그와 난 어느 것이 진짜배기인가에 대해 집중했다.

장자가 "진짜배기 진인(眞人)은 말이야……" 하고 말할 때마다 그가 내 가짜를 보고 있는 것 같아서 가슴이 벌렁벌렁했다. 비록 내가 이르지 못한 진짜배기의 진면목은 결코 남도 못 갈 경지일 것이라고 위안도 했지만 말이다. 그 사이 내 나라에는 교활한 가짜들이 설치면서 가짜의 가치로 세상을 괴롭히고 있었다.

사람은 살아 있는 동안 자기 시대에, 자기 세상에 어떤 형식으로든 복무해야 한다. 지금 이 시대에 장자를 떠올리는 것은 어떤 의미의 복무가 될 것인가. 그것을 염두에 두고서 글을 썼다.

장자는 글 속에서 행복하지 않았다. 가짜들 때문에 행복하지 않았다.
그래서 그는 떠났다.
나는 그를 기다리지만 한마디 아니 할 수 없다.
묻노니, 당신은 진짜인가?

2008년 여름. 여전히 공동체를 꿈꾸며

김종옥

똥에도 도가 있네

1

늦더위의 열기가 아직 담겨 있는 보도블록 틈새에서 잡초가 누렇게 떠 가고 있었다. 자신의 주점 앞에서 한참을 멍하니 서 있던 맹자가 한숨을 내쉬고는 길바닥에 주저앉았다. 늦은 오후의 햇빛에 맹자의 펑퍼짐한 그림자가 길게 가라앉았다.

"시들어 가네……."

맹자는 늘어진 잡초 잎을 손으로 쓰다듬으며 중얼거렸다.

"너라고 맘껏 살았겠냐…… 삶이란 게 다 그렇지, 뭐. 커다란 동산에서 무리들과 어울려 천지를 채우고 싶기도 했었을 것이고, 날 선 잎새 사이로 메뚜기며 쓰르라미를 놀리고도 싶었을 테지……. 질긴 뿌리 사이로 땅강아지, 지렁이 굼실거리게도 하고 싶었을……."

"지렁이 굼실대는 소리 하고 앉았네!"

갑자기 그늘이 진다 싶더니 비아냥거리는 소리가 들려왔다. 맹자는 고개를 번쩍 쳐들었다. 후줄근한 차림의 사내가 땀 냄새를 훅훅 풍기며 서 있었다. 장주였다.

"어, 어, 이 인간……."

맹자가 서둘러 일어섰다.

"인간, 처음 봐?"

장주가 뚱하니 내뱉으며 맹자를 스쳐 지났다.

"아니, 어디로 가려고 그래?"

맹자가 장주의 팔을 붙들자 장주는 맹자의 손을 털어 냈다.

"어디로 가긴? 밥 얻어먹으러 오는 길인데 다시 어딜 가겠어? 설마, 이제 공짜 밥은 박대 놓는다, 이건가?"

맹자가 눈을 흘기며 건물 모퉁이의 후미진 그늘 속으로 장주를 끌고 갔다.

"대체 왜 이래?"

장주가 퉁명스레 묻자, 맹자가 주변을 한번 둘러보더니 대들듯이 물었다.

"자네, 또 뭔 짓을 저지른 거야?"

"뭔 짓? …… 아아, 암만, 물론이지."

장주가 딴청을 피며 천연덕스럽게 대꾸했다.

"뭔 짓을 저질렀단 말이지?"

맹자가 눈을 동그랗게 뜨고 묻자 장주가 고개를 크게 주억거렸다.

"물론이지. 내가 시체가 아닌 다음에야 숨 쉬고 살면서 어떻게 아무 짓도 안 하고 산담? 하루 온종일 무슨 짓인가를 하며 살지. 숨 쉬기, 밥 먹기, 생각하기, 욕하기, 욕해 줄 놈 생각하기, 똥 누기……."

"내가 말장난이나 하자고 이 땡볕에 기다리고 섰던 줄 알아? 가만…… 그래, 욕하기, 똥 누기! 바로 그거야! 그거, 했지?"

맹자가 눈을 치뜨고 장주에게 얼굴을 들이밀었다.

"아무렴! 그래, 내 했지!"

장주가 어깨를 으스대며 자랑하듯 대답했다. 맹자가 그 모습에 그만 한숨을 푹 내쉬자 장주가 빙글빙글 웃었다.

"아하, 내가 저지른 위대한 뭔 짓이 벌써 예까지 전해졌구먼. 어디 유씨씬지 무씨씬지 동영상이라도 떴는가?"

"농담이 나와, 이 상황에?"

맹자가 쥐어박듯 쏘아붙이자 장주가 콧방귀를 뀌었다.

"흥! 왜 농담만 나오겠어, 노래도 나오고 춤도 나오지……."

장주가 아예 어깨를 들썩이며 춤을 추려 하자, 맹자가 새 날갯죽지를 잡아채듯 재빨리 장주의 어깨를 붙잡고 조리있고 친절하게 타일렀다.

"지금부터 내가 하는 말, 잘 들어! 저 길 건너 두 번째 골목 지나면 모퉁이 끝에 파란 복지관이라고 있어. 아, 그래. 접때 백우 데려다 준 거기 말야. 자넨 지금 거기서 막 온 길이야, 알았지? 복지관 수위 박 씨한테 다 얘기해 놨으니까 그리 알고……. 자넨 거기서 오후 내내 잡초 뽑는 일을 한 거야. 알았지?"

장주는 맹자의 말을 듣는 둥 마는 둥 억지 하품까지 해 댔다.

"알았지? 자넨 거기 있다가 오는 거네."

맹자가 다시 한 번 다짐을 하고는 장주의 등을 떠다밀었다. 장주는 느릿느릿 발걸음을 옮기면서 중얼거렸다.

"나보고 잡초를 뽑았다 하라고? ……내 사전엔 잡초란 게 없어. 사람은 잡놈이 많네만……."

맹자가 장주의 등을 한 대 후려쳤다.

사정은 대충 이랬다. 덕수궁 대한문 앞에서 이주 노동자들이 촛불집회를 열려고 했는데, 구청에서 마침 화단 공사를 해야 한다면서 비키라고 했다. 항의를 잠깐 하던 노동자 단체들은 집회를 포기하고 화단 가장자리와 바닥에 빙 둘러가며 촛불과 작은 깃발을 꽂았다. 그러자 관에서 동원한 전경들이 촛불과 깃발을 뽑아 쓰레기 봉투에 담았다. 꽂거니 뽑거니 하면서 몇 차례 실랑이가 오가고, 험악한 외침들이 튀어나왔다. 마침 노숙자 친구들을 만나러 나갔던 장주는 그 꼴을 보다가 갑자기 사람들 틈을 비집고 들어가 화단 위에 섰다. 그리고는 새로 심어 놓은 제비꽃이며 팬지꽃 위에다가 웩웩 거리며 구토를 하기 시작했다. 그 바람에 실랑이를 벌이던 사람들이 뒤로 물러섰다. 장주는 "에잇, 꽃이 더러워졌으니 어쩌누!"라고 외치더니 토사물이 묻은 꽃들을 손으로 뜯어내 사방에 흩뿌리고는 이 화단, 저 화단을 옮겨다니며 발로 밟아 댔다. 어떤 이는 더럽다고 고개를 돌리고, 어떤 이는 구역질이 나는지 덕수궁 담벼락을 짚고 서서 괴로워했다. "아, 이렇게 더러워졌는데 뭐하고들 있어! 얼른 정화의 촛불을 꽂아야 할 것 아닌가?" 길길이 날뛰던 장주가 이렇게 소리치더니, 옆 사람의 초를 나꿔채 화단 가운데 푹 꽂고는 토사물이 묻은 옷자락을 휘날리며 자리를 떴다. 주변에 있던 이들은 모두 더러운 게 묻을세라 황급히 몸을 비켰다. 이 사건은 그렇게 한바탕 소동으로 끝나나 했는데, 그날 밤 구청 화장실 벽에 오물칠이 되는 사건이 났다. 게다가 폐쇄회로 티브이를 돌려본 사람 가운데 하나가, 범인의 인상착의가 장주와 비슷하다는 소리를 했다. 그 바람에 오물 사건의 주범으로 장주가 지목되어 형사가 찾아온 것이다. 이 사실을 미리 알아챈 맹자는 장주를 보호하기 위해, 평소 잘 알고 지내던 복지관 박씨와 짜고 장주가 오후 내내 복지관에 있었다는 알리바이를 만들어 냈던 것이다.

맹자가 장주와 함께 주점으로 들어서자, 손님 채비에 분주하던 얀춥이 걱정스런 얼굴로 쳐다보았다. 티베트 출신 네팔인 이주 노동자인 그녀도 저간의 사정은 대략 짐작하고 있는 터였다. 며칠 전만 해도 미등록 이주 노동자의 강제 출국 문제로 시청 앞 광장에서 집회가 있었는데, 거기 나갔다가 장주를 보았다. 장주는 인천에서 단속반에 쫓기던 한 이주 노동자가 5층 건물에서 가스관을 타고 도망치다 떨어져 다쳤다는 말을 전해 듣고는 길길이 화를 내고 있었다. 평소 그답지 않게 펄펄 뛰고 있는 모습을 보고, 얀춥은 그가 무슨 짓을 저지를 것 같다는 생각을 했었다.

"계세요?"

맹자와 장주가 자리에 앉아 땀을 훔치기도 전에 입구 쪽에서 소리가 들려왔다. 맹자는 다시 한 번 다짐을 두기 위해 장주에게 눈을 끔뻑였다.

"계세요?"

듬직한 체구의 사내 둘이 가게로 들어오며 재차 물었다. 맹자가 아는 체를 하며 마중하려는데, 장주가 느닷없이 퉁명스런 소리를 내질렀다.

"그것도 분간 못하면서 어찌 사람을 잡누?"

"제게 하신 말씀인가요? 무슨 말씀이신지……?"

사내 중 하나가 주위를 두리번거리며 물었다.

맹자가 눈을 흘겼지만 장주는 빙글거리며 유들유들한 목소리로 말했다.

"자네들이 우리보고 개냐고 물었잖아, 지금!"

"저, 저, 저희가요? 언제……?"

다른 한 사내가 당황해하며 손사래를 쳤다.

장주가 그들을 곁눈질하며 느릿느릿 대꾸했다.

"개, 세, 요, 라고 물었잖소? 거기 있는 분이 개세요, 사람이세요? 그리 물었잖은가?"

맹자가 들고 있던 행주로 장주의 입을 틀어막았다.

"사람을 두고 개에 빗대 농을 치다니 점잖지 못하게시리."

두 사내가 얼떨떨한 표정으로 머뭇거리는 꼴을 보며 킬킬 웃던 장주가 손을 씻으러 간다면서 벌떡 일어나 화장실로 갔다.

"아, 오후 내내 풀, 풀을 뽑더니만 손이 더러워진 게로구먼. 풀, 풀을 뽑다 보면 손에 풀물도 들고 때도 끼고 그러는 법이지……."

맹자가 장주의 등에다 대고 거푸 '풀'을 강조했다. 사내 중 하나가 자기도 땀을 닦겠다며 장주의 뒤를 따라갔다. 그리고 다른 사내 하나는 그대로 앉아 냉수를 들이켰다. 체중이 많이 나가 보이는 그는, 하필이면 주방의 열기가 쏟아져 나오는 쪽에 자리 잡은 바람에 땀벌창이 되어 있었다.

맹자가 얼음을 챙겨 들고 와서 그의 앞에 털썩 앉았다.

"뭐라셔요?"

사내가 소리를 죽여 맹자에게 물었다.

"뭐라긴……, 내 잘 말해 뒀지."

맹자도 소리를 죽여 대답했다. 사내가 안심한 듯 한숨을 내쉬었다. 그때 화장실에 갔던 다른 형사가 다가왔다. 맹자가 갑자기 목소리를 높였다.

"아, 글쎄, 장주는 오후 내내 복지관에 있었다니까……. 내가 복지관 박 씨한테 들었어. 궁금하면 정 형사가 가서 물어보라니까."

"오후 내내 복지관에요……. 그러니까, 오늘 구청에는 간 적이 없다 이 말씀이죠. 고 형사, 그렇다는 얘기지, 지금?"

정 형사로 불린, 덩치 큰 형사는 동료가 똑똑히 들으라는 듯 짐짓 큰 소리로 맹자의 말을 반복했다.

"그야 뭐 서로 입을 맞추면 얼마든지 만들 수 있는 거고……. 인상착의가 비슷하다는 신고가…….”

고 형사가 중얼거리며 고개를 갸웃했다. 맹자가 엉거주춤 서 있던 그를 수선스레 붙잡아 앉혔다.

“아, 비슷하다는 거지, 어디 틀림없다고 한 건 아니잖소? 그러지 말고 이왕 오셨으니 식사들이나 하고 가시오.”

얀춥이 기다렸다는 듯이 시원한 얼음 동치미를 한 동이 들고 왔다. 고 형사가 근무 중에는 식사 대접을 받을 수 없다며 손을 내저었다. 맹자가 정 형사를 보고 또 한쪽 눈을 찡긋하며 말했다.

“대접은 무슨 대접? 식대는 정 형사가 내실 건데, 안 그렇소?”

“아, 물론이죠. 제가 제 돈 주고 사 먹는 겁니다.”

정 형사가 정색을 하고 말하자 고 형사도 더는 고집을 부리지 않았다.

맹자와 얀춥이 부지런히 음식을 내왔다. 사양하던 고 형사는 동치미를 한 모금 들이키고 나더니 때깔 좋은 두부선이며 호박 부침개 앞에서 체면을 확 놓아 버리고 도리깨침을 흘렸다.

“그렇죠, 뭐……. 확증이 있는 것도 아니고 뭐…….”

어느새 시원한 동동주를 한 잔 들이킨 고 형사가 사람 좋은 웃음을 흘렸다.

맹자가 손뼉을 치며 웃었다.

“그렇지, 아무렴. 누군가가 그저 나름대로 의사 표현 좀 해 본 것에 불과해. 사소한 해프닝으로 넘기면 되는 거지, 검거는 무슨…….”

"조금 지저분한 해프닝이죠 뭐. 윽, 윽!"

정 형사가 한마디 거들다가 상상 끝에 비위가 상했는지 구역질을 해 댔다.

갑자기 요상한 웃음소리가 들렸다.

"헤, 헤, 헤…… 해프닝, 해프닝. 헤, 헤."

화장실에 갔던 장주였다. 맹자가 급히 자리에서 일어나 장주의 앞을 가로막았다.

"아니, 오후 내내 복지관에서 일 잘하고 와서는 갑자기 뒷간에서 더위를 먹었나, 형사 분들 앞에서 왜 이리 실실거려?"

"형사? 범인 잡는 형사? 그럼 내 긴히 부탁할 게 하나 있지."

장주가 가로막는 맹자를 밀치며 형사들 앞으로 얼굴을 디밀었다.

"자네들, 진정으로 쫓아가서 잡아채 와야 할 것이 있는데, 그게 뭔고 하니……."

장주가 목소리를 점점 낮추자 형사들은 뭔 일인가 싶어 바싹 긴장해 고개를 모았다.

"얼이야! 엉뚱한 데 빠져 있는 얼을 되찾아 와야 해."

"으이그, 자네 입에서 뭔 영양가 있는 소리가 나올까 했어. 귀 기울인 우리가 쪼다 삼신이지."

맹자가 소리치며 혀를 찼다. 장주가 다시 헤헤거리며 말했다.

"내 얼이 빠져서 찾아야 한다니까. 나뿐만 아니야. 너도, 너도, 재도, 재도 모두 얼빠진 것들이야."

맹자가 장주를 잡아 자리에 눌러 앉혔다.

"그렇게 얼빠진 소릴 하고 다니니까 사람들이 화장실에다 뭔 칠을 한 게 자네라고 그러는 게 아냐?"

"맞아!"

장주가 동치미 얼음을 한 입 가득 물고 고개를 끄덕였다.

"뭣이! 이 친구가 지금 뭔 소리를 하는 거야?"

맹자가 펄쩍 뛰자, 정 형사와 고 형사도 눈을 휘둥그레 떴다.

"내 똥뒷간 벽에다 한 말씀 쳐 바르고 왔지. 그 말씀이 뭔고 하니……."

장주가 얀춥을 손짓으로 불렀다. 얀춥이 어리둥절한 표정으로 다가왔다.

"그게 다 도(道)가 있는 자리라는 거지. 시청 시장실이든 구청 똥뒷간이든 어디든 도가 있다는 거야. 자네 보살펴 주시는 부처님 말씀도 그렇지, 얀춥?"

장주는 얀춥에게 한쪽 눈을 찡긋해 보이더니 김치를 손가락으로 쫙 찢어 입에 넣었다. 맹자가 그 꼴을 보고 체념한 듯 고개를 흔들었다. 맹자를 힐끔 쳐다본 장주가 천연덕스럽게 중얼거리기 시작했다.

"어리석고 이기적인 인간들이란……. 화장실 벽에 칠해 놓은 똥은 더럽다고 하면서 제가 한 짓거리는 더러운 줄 모르더군. 자기네 똥뒷간이며 알량한 화단이며는 귀한 것이라고 쓸고 닦고 뽑고 야단 떨면서, 정작 사람대접은 천하게 한다 이 말이야. 고작 한 줌 쥐어 들고는 그걸 나누지 않겠다고 악을 쓰고 있는 한심한 꼴이라니. 결국엔 한 움큼 쥐고 있는 것, 그것의 노예가 되고 말 것을 모르니 딱하다는 거야. 좁쌀도 썰어 먹을 놈의 소견머리 같으니라고……."

"으이그! 또 장주의 사설이 길어지는군. 난 모르겠으니 자네가 알아서 수습하게나."

맹자가 얀춥에게 자리를 내주며 손을 털었다.

장주가 얀춥을 향해 말했다.

"내 도반(道伴 함께 도를 닦는 벗) 얀춥이여, 내 말 알아듣는 것은 자네밖에 없네."

"아니에요. 난 아직 한국말 완전히 다 알 수 없어요. 장주 아저씨 말씀 다 알아듣지 못해요."

얀춥이 정색을 하고는 고개를 저었다.

고 형사, 정 형사가 함께 웃음을 터뜨리자 장주가 다시 고개를 흔들었다.

"아녀, 아녀. 한국 놈들이 더 내 말을 못 알아들어. 아니지, 못 알아듣는 줄이나 알면 좋게? 내 말이 틀렸대. 자네들도 내 말이 틀렸다고 생각하고 있지, 시방?"

정 형사가 난처한 듯 머리를 긁적였다.

"아니, 그보다는 아까 화장실 벽에……, 그거 본인이 하신 일이라고……."

"그거, 내 메시지야, 도의 메시지라고. 우주에서 날아오는 메시지는 듣겠다고 난리들을 쳐 대면서 자기 안의 울림에는 눈멀고 귀먹어 버린 한심한 인간들에게 주는 진짜 메시지!"

그때 맹자가 주방에서 고개를 내밀고 소리쳤다.

"자네 말을 듣는 게 더 한심해! 차라리 우주에서 날아오는 메시지가 백배는 낫지! 에그, 이 인간아!"

애써 알리바이까지 조작해 가며 죄를 숨겨 주려 했던 일을 장주 스스로 날려 버리자 맹자는 못내 속이 상했던 것이다. 부아를 내는 맹자를 보며 장주가 손을 휘휘 내저었다.

"따지고 보면 내 말이나 우주에서 날아오는 메시지나 다 한가지야. 정직한 말이라고. 정직하다 못해 무시무시한 진리의 말씀."

"말씀이 너무 어렵습니다."

두 잔째 동동주를 들이킨 고 형사가 입가를 훔치며 말했다. 그는 범인을 잡겠다는 애초의 임무는 슬쩍 밀쳐 버린 듯 어느새 장주의 말을 좇고 있었다.

맹자가 다시 버럭 소리를 지르며 참견했다.

"어렵긴 뭐가 어려워. 둥둥 떠서 연기처럼 하늘로 떠도는 소리들이라 그렇지. 신소리 그만 집어치우고 이제 어서 착륙하셔."

맹자의 말에 장주가 갑자기 벌떡 일어나 의자 위로 올라갔다. 다들 놀라서 어안이 벙벙한 가운데 장주가 두 팔을 활짝 펼쳤다.

"맹자, 자넨 역시 내 친구야! 내가 어디에 있는지 아는구먼."

맹자가 주방에서 달려 나와 장주를 붙잡으려 했지만 장주는 돈

움 발로 펄쩍펄쩍 뛰기까지 했다.

"여기가 하늘이야. 나는 지금 하늘에 있다고."

"그래, 이 인간아. 자넨 지금 하늘에 있어. 그러니 어서 내려와. 아님 아예 훨훨 날아가 버리든지."

그러나 장주는 맹자의 핀잔에도 아랑곳하지 않고 손으로 날갯짓을 해 대며 열에 들뜬 듯 수다를 늘어놓기 시작했다.

"자, 여기가 하늘이야. 잘들 보라고. 내 겨드랑이를 뭐가 받치고 있나 보라고. 하늘이야. 내 겨드랑이 받치고 있는 게, 내 머리카락 날리고 있는 게, 내 코털 간질이고 있는 게 하늘이라고. 자네들도 마찬가지야. 자네들이 엉덩이에 깔고 있는 게 바로 하늘이야."

"여기가 하늘이라고요?"

고 형사가 얼뜬 얼굴로 엉덩이 밑을 가리키며 물었다. 장주가 고개를 끄덕였다.

"물론이지. 자, 하늘이 어디 있나? 저, 저, 저 위에? 한참 저 위에? 그럼 다시 묻지. 어디서부터 하늘이지? 백 미터 위에서부터, 천 미터 위에서부터? 대기권 바깥은? 거기도 하늘인가?"

정 형사가 머뭇거리며 대답했다.

"그러고 보니 어디서부터 어디까지가 하늘인지 모르겠군요. 그저 저 위에서부터 쭈욱 하늘이라고 하는 건가요?"

고 형사가 고개를 갸웃거리며 물었다.

"그냥 허공이 하늘 아닐까요?"

장주가 씩 웃었다.

“세상은 하늘과 땅으로 나뉘었다고들 하지? 땅 위는 하늘이고 하늘 아래는 땅이겠지. 산에 서 있는 나무는 뿌리는 땅에 박았으되 가지는 하늘에 펴고 있는 거지. 나도 마찬가지야. 내가 땅에 발을 딛고 있으되 내 겨드랑이는 하늘에 있는 거야. 알겠는가? 그러니 땅 위는 다 하늘이야.”

“아항~.”

정 형사와 고 형사가 고개를 주억거렸다.

“그것도 모르고 사람들이 자꾸 하늘은 저 위에 있다고 해. 자기가 띄운 연이 하늘을 나는 걸 보면서 제 손에 쥔 얼레도 하늘에 있는 걸 몰라. 하늘은 뭔가 멋있고 아득한 데 있는 것 같지? 사실은 말야, 내 겨드랑이 밑에도 내 사타구니 밑에도 하늘이 있거든.”

“어이쿠, 또 어려워져요, 선생님.”

정 형사가 머리를 긁적였다.

“내친 김에 또 말하지. 사람들은 말야, 하늘은 위에 있고 땅은 아래에 있다고 하지?”

“실제로 하늘은 땅 위에 있고 땅은 하늘 아래 있잖습니까?”

고 형사가 손가락으로 하늘과 땅을 가리키며 되물었다.

장주가 의자 위에서 허리를 굽혀 그의 눈을 들여다보며 은밀한 비밀을 말해 주듯 속삭였다.

“땅은 말이야, 허공에 둥둥 떠 있는 거야. 땅 밑에도 하늘이 있다고."

고 형사가 갑자기 무릎을 탁 쳤다.

"맞아요, 선생님! 땅은 지구고, 지구는 우주 공간에 둥둥 떠 있죠. 그 말씀이죠?"

정 형사가 감탄한 듯 고 형사를 쳐다봤다. 고 형사는 더욱 으쓱해하며 말을 이었다.

"저, 그러니까 말하자면, 땅덩어리 밑에도 하늘이 있는 셈이죠. 그렇죠?"

"그래서 어쨌다는 거야? 다들 장주의 혀에 오염되기 시작했구먼. 이제 그만 내려오시지. 불안해 죽겠어."

맹자가 드잡이를 할 듯이 억센 팔로 장주를 끌어내렸다. 장주는 못 이기는 척 의자에 앉았다.

"어쩌긴 뭘 어째? 그냥 그렇다는 거지. 밑이고 위고 하는 경계 자체도 허상이라 그거지. 모래시계처럼 뒤집고 나면 위가 밑이 되고, 밑이 위가 되고 말지. 어디가 위이고 어디가 밑인지 절대적인 경계로 그을 수 없다는 거야. 우리 땅덩어리는 허공중에 똘똘 뭉쳐 둥둥 떠 있다가 물방울처럼 사라지는 거야. 동그란 방울 위에 무슨 위고 아래고 동서남북을 그어 대겠는가? 하물며 하늘에 무슨 위아래가 있겠는가. 이제 내 말을 알겠나?"

"자꾸만 어려운 말씀만……. 도저히 무슨 의미인지……."

정 형사는 머리를 긁적이고, 고 형사는 한숨만 크게 내쉬었다.

맹자가 소리를 꽥 질렀다.

"어렵긴 뭐가 어려워. 의미는 무슨 의미? 그냥 그렇다는 말이지. 뭘 심각하게 생각해. 겨드랑이 밑이 허공이든 엉덩이 밑이 허공이든, 땅덩어리 밑에 하늘이 또 있든 말든, 우리 사는 데 뭐 달라질 게 있다고……. 지구 땅덩어리만 허공으로 돌아가 버리는 게 아니라 이 사람 장주의 말도 돌아서면 허공으로 사라져 버리는 거야. 그러니 허황되다고 손가락질 받는 거지. 괜히 열심히 사는 젊은 사람들 헷갈리게 하지 말고 밥이나 먹어."

맹자가 장주의 입에 고추전을 푹 꽂아 주며 긴 핀잔을 주었다. 장주는 그를 무시하듯 손가락으로 된장을 듬뿍 찍어 요리조리 돌려보다가 입에 쏙 넣고는 다시 중얼거렸다.

"똥 말이야."

"똥 마려우세요?"

얀춥이 정색을 하고 물었다. 터져 나오는 웃음과 구역질을 동시에 참느라 고 형사, 정 형사의 얼굴이 일그러졌다.

"이 똥하고 밥하고는 뭐가 다른가? 결국 이 밥이, 이 나물이 똥이 되는 건데, 내 몸 바깥에 있을 때는 때깔 좋고 냄새 좋던 것이 내 몸을 통과하면 그만 방귀 냄새를 묻힌 더러운 것이 되어 나와 버린다 이 말일세. 내가 아침에 고상하게 마신 차 한 잔이 내 몸을 통과해서는 그만 지린내를 묻힌 오줌이 되어 나와 버린다 이 말이지. 그게 더러운가? 그렇다면 그 오만 더러운 것 다 만들어 내는 공장이 내 몸이라 이거지? 내 몸이 똥 공장, 오줌 공장이란 말이겠지? 그럼 내 몸이 제일로 더럽겠구먼, 안 그런가?"

"아, 말씀이 그렇게 되네요."

고 형사가 무릎을 탁 치며 동의했다. 정 형사가 그런 그를 힐끔 쳐다봤다.

사실 정 형사야 드러내 놓지는 않았어도, 이미 맹자네 주점의 충성스런 단골이라 장주의 사설에 익숙했지만, 고 형사는 처음 온 터였다. 그런데도 어느새 장주의 말을 어지간히 알아듣고 있는 것이 신기했다.

장주의 말이 이어졌다.

"제가 만들어 놓고는 돌아서서 더럽대. 제가 싸질러 놓고는 안 그런 척 더럽다고 난리야. 제 몸에서 나온 거 만지기도 싫다고 비데인지 비계인지 틀어 놓고 얄궂은 물줄기 장난 해 대며 깨끗한 척하지. 그런데, 그 더럽다 하는 거, 단박에 없애는 방법 있는데, 자네들, 짐작하겠는가?"

장주가 다시 된장을 찍어 입에 넣고 손가락을 쭉 빨았다. 모두들 비위가 상해 얼굴을 찌푸렸다.

"그 공장을 없애 버리면 된다 이 말씀이지."

장주의 말에 모두들 입이 떡 벌어졌다. 장주가 모두의 얼굴을 쳐다보면서 크게 웃어 젖혔다. 정 형사가 목에다 손을 그어 대는 시늉을 하며 얼뜬 소리를 냈다.

"죽어 버리라는……."

"그 소리가 되는가? 으, 헛, 헛, 헛!"

장주가 한바탕 더 웃었다. 맹자가 옆에서 장주의 등덜미를 냅다 후려갈기고는, 웃고 있는 장주의 입에 호박 부침개를 쑤셔 넣었다.

"자, 여기 자네 똥, 입에 들어가네."

장주는 한 입 가득 들어온 호박 부침개를 먹느라 눈물까지 찔끔대며 쩔쩔맸다. 그 꼴을 보면서 맹자가 코웃음을 치더니 형사들에게 말했다.

"죽으라는 말이 아니야. 내가 이 넋두리를 자주 들어서 아는데, 죽으라는 게 아니라, 죽이라는 거지."

"죽이라고요?"

고 형사가 화들짝 놀라면서 물었다. 맹자가 고개를 저었다.

"아니, 자기 자신을 죽이라는 거야. 자기 것, 자기 아집, 자기만 옳다고 그러는 거, 자기 것만 좋다고 하는 거, 자기가 특별하다고 하는 거, 그걸 죽이라는 거야. 나는 달라, 내 것은 달라 하고 다른 것들과 차별 두는 거, 그걸 죽이라는 거야."

맹자의 말에 고 형사와 정 형사는 알듯 모를 듯한 표정을 지었다. 장주는 입 안의 호박 부침개를 제대로 씹지도 않고 꿀떡 삼키면서 빙글거렸다.

"맹자, 자네도 이젠 내 감화를 받았구먼. 도를 깨쳤어."

"염병할…… 도는 무슨 도……. 자네 얘길 그대로 전한 것뿐이지,

언제 그게 내 생각이라고 말했는가?"

맹자가 퉁명스레 대꾸하면서 다시 부침개를 장주의 입에 쑤셔 넣으려고 했다. 장주가 손으로 자기 입을 가렸다. 정 형사가 잠시 헛기침을 하더니 나지막이 말했다.

"그나저나…… 아까 구청 화장실…… 그거, 본인이라고 시인하시면……."

정 형사가 말을 마치기도 전에 장주가 눈을 멀뚱거리며 고개를 끄덕였다. 그런데 어쩐 일인지 고 형사가 딴청을 하며 못 들은 체했다. 그것을 보고 정 형사가 보일 듯 말 듯 입가에 웃음을 띠었다. 장주도 슬쩍 거기에 웃음을 섞으며 말했다.

"자기네 것만 옳다고 우기는 인간들이 미워서 그랬다니까. 천지간에 귀하고 천한 거, 깨끗하고 더러운 게 어딨어? 다 똑같은 거지. 인간이나 나무나 바윗돌이나 똑같지. 누가 더 귀하냐고? 하물며 인간끼리야 더 말할 나위 없지. 인간에 대한 값어치를 누가 감히 정하느냐고? 힘없고 돈 없고 배경 없으면 천한 사람 되는가? 귀한 놈들은 똥 안 만들어 내는가? 내 그걸 보여 주려고 똥칠을 했어. '이것이 도이다!'라고 말이야……."

"똥이 도라고요?"

고 형사가 멀뚱한 표정으로 물었다. 장주가 동치미 국물을 젓가락으로 찍어서 식탁 위에 '도'라고 썼다.

"물론이지. 도는 도야. 도는 좋은 것인가? 훌륭한 것인가? 아니지, 도는 그냥 도야. 훌륭한 것은 도이고 허접한 것은 도가 아닌가? 아니지. 도는 그냥 도야. 존재하는 모든 것이 그냥 그대로 존재하는 것, 그것이 도야."

"그럼 이 식탁도요?"

정 형사가 조금 의심스러워하는 말투로 물었다.

"그럼 이 간장 종지도요?"

고 형사도 물었다.

장주는 슬슬 자기 말 상대에 대해 신이 나는 눈치였다.

"물론이지. '나'라는 존재 자체도 도이고, 자네들에게도 곧 도가 있지. 길거리 기왓장에도 도가 있고, 하늘을 나는 새에게도, 땅 위를 기는 개미에게도 도가 있지. 그래서 똥에도 도가 있는 거야……."[1]

"도대체 도가 뭔데요?"

"그 모든 것 속에 들어 있는 도라는 게 뭐란 말씀인가요?"

두 형사가 번갈아 괴로운 듯한 표정으로 물었다.

장주가 망설이지 않고 대답했다.

"진짜야. 진짜라는 것이지. 가짜가 아니라 진짜. 어쩌다 내가 억지로 만들어 내고는 진짜인 척하는 가짜가 아니라, 여실히 진짜인 것, 그게 도야. 그러니까 진짜 만물에는 모두 다 진짜인 도가 깃들어 있지."

"없어지면요? 도가 깃들어 있던 그 존재가 없어지면요?"

이번에는 정 형사가 취조하듯 물었다.

장주의 얼굴에 기쁜 빛이 역력했다.

"야아~ 정 형사는 내 수제자로 들어와야겠는걸. 물음이 정곡을 찔러! 훌륭해, 훌륭해."

"훌륭하다고만 하지 말고 대답을 해 줘야지. 존재하는 모든 것에 도가 있다면 존재하지 않게 되면 어찌 되는가?"

맹자가 퉁명스레 따져 물었다. 장주는 잠시 뜸을 들이더니만 근엄한 소리로 대답했다.

"존재하지 않으면 거대한 '없음', 곧 '무(無)'의 도로 돌아가는 거야. 통째로, 한통속으로 원래의 '없음'이란 것의 도로 도로 돌아가는 거지."

"도로 도로?"

얀춥이 고개를 갸웃거리자 장주가 웃음을 터뜨렸다.

"옳거니! 도(道)로 도로, 다시 말이야, 도로 다시."

"허무해요. 말씀을 듣고 있을 때는 재미있는데 듣고 나면 허무해져요."

정 형사가 머리를 긁적였다.

장주가 그의 어깨를 토닥였다.

"허무하긴, 흐뭇한 세계지. 흐뭇, 므흣!"

"그나저나 아까 구청 화장실에다 오물 묻히신……."

이번에는 고 형사가 한숨을 내쉬면서 난감한 표정을 지었다. 맹자가 덩달아 한숨을 내쉬었다.

"자네가 그런다고 사람들이 알아듣나? 나도 이해하기 싫구먼. 도는 무슨 도? 그냥 에라, 너 엿 먹어라, 그거였으면서……."

장주가 수갑 차는 시늉을 하며 실실 웃었다.

"맞아. 사실 그거였어. 자, 나으리들, 내 죄목이 뭔가?"

고 형사가 손사래를 쳤다.

"에이, 죄는 무슨……. 화장실 건은, 거 누구시라더라, 청소 아줌마가 금세 치워 버려서 사람들이 잘 몰라요……. 그저, 앞으로는 절대로 그러시면 안 된다고 그 다짐을 받아 두려고……. 안 그래, 정 형사?"

고 형사가 정 형사에게 사람 좋은 미소를 보냈다. 그때까지 고 형사의 표정을 살피고 있던 정 형사가 활짝 웃었다.

"그게 좋겠지? 뭐, 물증이 있는 것도 아니고 증언이 유일한 것인데, 그건 뭐 결정적인 증거가 되기에 부족하고……."

"그래, 그래. 자, 그냥 미제 사건으로 남겨 두고 식사나 하자고."

고 형사의 말이 끝나기가 무섭게 안춥이 주방으로 달려가 동동주 한 단지를 더 내왔다.

정 형사는 동동주를 마시는 내내 골똘히 중얼거렸다.

"기왓장에도 도가 있고, 돌멩이에도 도가 있고, 개미에게도 도가 있고…… 동동주에도 도가 있고……."

1. '똥에도 도가 있네' 원문 풀이

[1] 東郭子問於莊子曰 所謂道 惡乎在 莊子曰 無所不在 東郭子曰 期而後可 莊子曰 在螻蟻 曰 何其下邪 曰 在稊稗 曰 何其愈下邪 曰 在瓦甓 曰 何其愈甚邪 曰 在屎溺……. 『장자』, 「知北遊」

동곽자가 장자에게 물었다. "이른바 도는 어디에 있습니까?"
장자가 말했다. "있지 않은 곳이 없소이다."
동곽자가 물었다. "콕 짚어 주셔야 알겠습니다."
장자가 말했다. "땅강아지나 개미에게 있소이다."
"어찌 그리 낮은 곳에 있을 수 있습니까?"
"돌피나 피에 있소이다."
"어찌 그리 더욱 아래로 가십니까?"
"기왓장이나 벽돌에 있소이다."
"어찌 그리 더욱 심해지십니까?"
"똥이나 오줌에 있소이다."

까마중

2

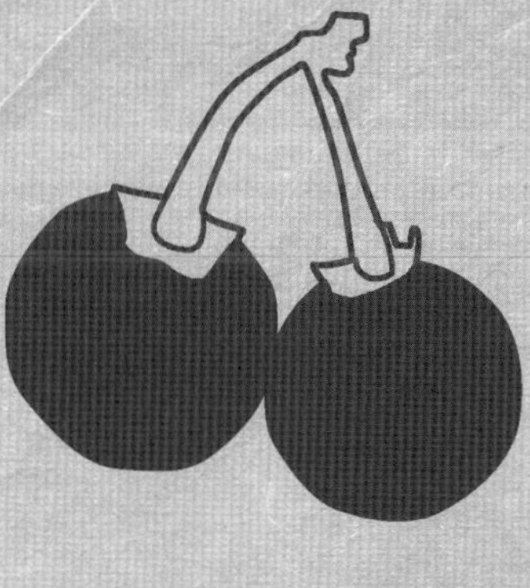

늦여름의 햇살은 기분 좋게 따뜻하고 바람결에는 삽상한 가을 기운이 스며들어 있었다.

장주는 텃밭 둔덕에 벌렁 드러누워 하늘을 쳐다보고 있었다. 텃밭이라고 하기에는 좀 넓은 이 밭은 실은 장주의 오랜 친구인 맹자와 공자의 공동 소유지였다. 맹자와 공자는 그들이 동업하는 주점의 부자재 공급처로 이 땅을 장주에게 맡겨 놓고 있었다. 장주에게 밭일을 맡긴 이유는 그가 농부 흉내를 제법 내기 때문이기도 했지만, 우선은 자꾸만 훌쩍 떠나려 드는 방랑벽 심한 친구를 진득이 눌러 앉히려는 속셈이 있었다. 그 목적은 얼추 절반은 성공적이랄 수 있었다. 장주가 오랜만에 해 보는 밭일에 재미를 붙여 가끔씩 하는 나들이 말고는 노상 밭에 붙어 있었기에, 행방불명이 되는 일이 훨씬 줄어들었던 것이다.

그러나 식당 부자재 공급처로서는 그다지 쓸모 있지는 않았다. 이른 봄 부추부터 시작해 여름 내내 상추며 치커리, 깻잎, 풋고추, 열무 등은 한동안 넉넉히 공급했지만, 다른 것들은 수확이 신통찮았다.

특히 오이는 겨우 고추 크기를 면할 정도의 꼬부랑투성이라 아는 식구들이나 시시덕거리며 먹어 줄 뿐 손님상에 내놓을 주제는 되지 못했다.

게다가 상추를 뽑은 뒤로는 채소보다 화초 가꾸기에 더 재미를 붙인 듯했다. 채송화를 바라보는 재미에 푹 빠져 있는가 싶더니, 어느새 나팔꽃 덩굴을 지붕처럼 올려놓아 오히려 호박 덩굴이 치일 지경이었다. 한 술 더 떠 매일같이 산책 나오는 이웃집 개와 사귀는 듯하더니 방울토마토 소출의 절반을 개와 나눠 먹어 없앴다.

벌렁 드러누워 구름 그림을 감상하던 장주는 문득 방울토마토를 좋아하는 친구 '혜시'를 떠올렸다.

장주와 혜시는 코흘리개 적부터 한동네 동무로 살았으므로 살붙이나 마찬가지였다. 하지만 살아온 궤적은 사뭇 달랐다. 혜시는 떠돌이 장자와는 달리 비교적 환경에 적응을 잘했다. 학생 시절에는 학생 운동도 하는 듯하더니, 어느새 유학을 마치고 지금은 좀 알려진 대학에서 교수를 하고 있었다. 혜시는 때때로, 한동네 친구지만 지금은 주점을 하고 있는 맹자나, 맹자의 동업자인 공자가 자신의 성공을 은근히 부러워하고 있다고 나름대로 생각하고 있었다. 어려서 같이 놀 때는 항상 천덕꾸러기 취급만 하던 자신을 이제는 좀 대접해 주는 듯 보였기 때문이었다.

그러나 그것은 어쩌면 혜시만의 자부심일지 몰랐다. 장주와 말씨름이 벌어지려고 하면 맹자와 공자는 무표정한 얼굴로 팔짱을 껴 버리기 일쑤였다. 대학 교수인 자신과 떠돌이 장주의 말싸움은 누가 보더라도 영 무게가 기우는 싸움이었는데도 불구하고, 혜시는 자신의 말발이 잘 안 먹히는 게 도무지 이해가 가지 않았다. 자기 말의 권위가 영 먹히지 않는다 싶을 때마다 혜시는 친구들에게 협조를 청해 보았지만, 항상 돌아오는 것은 모르쇠로 일관하는 굳은 입이나, 슬며시 돌려 버리는 등짝을 보는 일이었다.

그런데 혜시는 장주와 말싸움이 끝나면 집에 돌아가는 차 안에서라도 수첩을 꺼내 메모를 했다. 그리고 그 수첩을 꺼내 들고 며칠을 두고 '아, 이렇게 맞받아칠걸……. 아, 이걸 물고 늘어질걸…….' 하면서 되새김질로 애석해했다. 그렇지만 그러다 문득 자신의 졸렬함을 깨닫고는 헛웃음을 칠 정도의 인간성은 갖추고 있었다. 바로 그것이 친구들이 그를 오래도록 가까이 두는 이유이기도 했다.

사실 혜시는 장주와의 말싸움을 통해 일종의 학습 효과를 얻는 측면도 없지 않았다. 말씨름 자체의 기술도 늘었거니와, 종종 강의할 때 요긴하게 써먹을 인용거리가 대화 중에 튀어나오기도 했다.

그러면서도 혜시는 간혹 저 내밀한 곳에 자리잡고 있는 열등감이 자극을 받는 느낌을 받곤 했다. 그는 뭔가 근사하고 멋있어 보이고 싶은데, 그의 말은 그다지 재치 있어 보이지도 상상력이 뛰어나 보이지도 않았다. 반면에 장주의 말은 사람의 귀를 솔깃하게 하는 묘한 매력이 있었다.

혜시는 늘 장주의 말은 '쓸데없는 소리!'라며 비아냥거렸다. 솔직히 말해서 대학 교수인 자신의 말과 떠돌이 장주의 말을 놓고 볼 때 누구의 말이 더 '쓸데가 있는' 말이겠는가. 혜시는 사람들이 자신의 '쓸데가 있는' 말을 장주가 하는 말을 들을 때처럼 솔깃하고 재미있어 죽겠다는 표정으로 들어 주었으면 하고 열망했다. 그리고 그 열망이 때로는 질투가 되어 이상한 데로 분출되곤 했다. 유난히 까만 피부의 장주와 만날 일이 있을 때면 일부러 자신의 하얀 피부를 돋보이게 하는 겨자색이라든지 자주색 셔츠를 입는 유치함도 마다하지 않았던 것이다.

"엇! 이게 뭐야?"

장주는 자기 볼을 찰싹찰싹 때리는 거친 풀 잎사귀에 화들짝 놀라 일어났다.

"뭐긴 뭐야? 자네 망상을 때리는 우정의 손길이지."

뒷면에 가시가 잔뜩 돋은 환삼덩굴 잎새를 들고 서 있는 이, 혜시였다.

"양반되긴 글렀구먼. 그나저나, 긁혔잖아. 에고, 따가워라."

장주는 얼굴을 찡그리며 볼을 쓰다듬었다. 하지만 내심 반가운 기색이었다. 혜시가 빙글빙글 웃으며 말했다.

"자네가 웬일로 날 보고 싶어 했나? 오매불망 그리던 끝이면 두 손 들고 반길 일이지, 중늙은이 두터운 얼굴에 이까짓 여린 가시 잎이 뭐 따갑다고 처녀애들처럼 호들갑인가?"

장주는 혜시의 능글맞은 얼굴을 흘겨보았다. 혜시는 뭔가 기분 좋은 일이 있는 눈치였다. 하지만 장주는 무슨 일이 있느냐고 묻지 않았다. 혜시는 굳이 묻지 않아도 입이 간지러워 못 견디는 성품이었다. 일부러 밭까지 찾아온 것을 보면 꽤나 거창하게 좋은 일이 생긴 것이 틀림없었다. 장주는 혜시가 충분히 뜸을 들이면서 누설 직전의 쾌감을 실컷 즐기도록 놓아두었다.

"게으른 농부 아니랄까 봐 밭 꼴이 이게 뭔가. 가시덤불투성이 묵정밭이잖아."

혜시는 공연히 밭고랑을 어정거리며 발로 환삼덩굴 더미를 툭툭 건드려 댔다.

"앗, 가만! 이게 뭔가?"

갑자기 장주가 혜시의 발밑에서 보물이라도 발견한 듯 소리쳤다.

"잡초인 줄 알았더니, 이제 보니 까마중일세. 으허허……."

장주가 가리키는 곳에는 명아주를 닮은 작은 풀이 방울 모양의 열매를 올망졸망 달고 서 있었다. 열매 대부분은 초록색이나 드문드문 까맣게 익은 것들이 섞여 있었다.

장주는 열매를 따 입에 넣으며 작은 신음 소리를 냈다.

"으으흐, 이거야……. 어려서 쏘다니면서 노상 따먹던 까마중……. 이걸 삼십 년이 지난 지금 다시 먹게 되다니……. 난 이제 까마중은 영 없어진 줄 알았어……."

혜시는 장주가 내미는 열매를 먹어 보았다. 특유의 향과 함께 약

간 비릿한 단맛이 났는데 그 맛이 아주 독특했다.

장주는 계속 신음 소리를 내면서 한 알씩 깊이 음미하며 먹었다. 살포시 감은 눈으로 봐서 어린 시절을 추억하는 듯했다. 서울 변두리를 휘젓고 다니던 악동 시절 말이다.

아쉽게도 혜시는 까마중이 기억나지 않았다. 장주와 그 일당의 무리들이 들판이며 야산을 휘젓고 다니던 대부분의 시간 동안 혜시는 책상 앞에 앉아 있었던 것이다. 혜시는 어린 시절을 이처럼 비리고 진한 맛으로 추억할 수 있는 장주가 부러웠다.

까마중 먹기가 끝나자 둘은 함께 텃밭 옆 개천 둑에 앉았다. 늦여름 한낮의 햇살이 머리 위에 부서졌다. 바람은 물기 한 점 없이 상쾌했다.

"저런, 이런 똥물에도 물고기가 사네."

혜시가 개울물을 내려다보며 감탄했다. 과연 물속에는 작은 물고기 그림자들이 언뜻언뜻 스치고 있었다.

"똥물이라니? 왜 이러시나, 이거 도시 분들은 꿈도 못 꾸는 청정 개울물이야."

장자가 어깨를 으쓱하며 말했다.

"자네가 청계천을 안 가 봤구먼. 그 물이 얼마나 맑은지 알아? 물고기도 많고."

혜시의 말에 장주가 피식 웃었다.

"청계천, 그게 개천이야? 한강 물 퍼다가 돌리는 인공 연못을 개천이라고 하다니, 낯 뜨겁지 않아?"

혜시는 피식 웃었다. 청계천에 관해서는 이미 오래전에 한차례 설전을 치른 바 있었다. 물론 혜시가 이기지 못했다.

잠시 물고기 그림자들을 살피던 장주가 어린아이처럼 목소리를 높였다.

"물고기들이 참 즐겁게 놀고 있어!"

"자네가 물고기가 아닌데 어떻게 물고기가 즐거운 줄 아는가?"

왠지 좀 억눌린 것 같았던 혜시가 재빨리 장주의 말꼬리를 잡고 늘어졌다. 물고기를 보며 그냥 가볍게 말했던 것뿐인데 혜시가 말꼬리를 채는 것을 보고 장주는 장난기가 발동했다. 모처럼 바쁜 시간을 쪼개 자신이 있는 곳까지 와 준 친구를 대접하기 위해서라도 성의껏 대꾸해 주는 것이 예의가 아니겠는가.

"자네 역시 내가 아니니, 내가 물고기의 즐거움을 아는지 모르는지 어찌 안다고 그래?"

장주의 말에 혜시가 옳다구나 하고 잽싸게 대꾸했다.

"물론 나는 자네가 아니니까 알지 못하지. 마찬가지로 자네 역시 물고기가 아니니까 물고기가 즐거운지 아닌지 알지 못하는 걸세."

혜시는 입가에 흐뭇한 미소를 지으며 생각했다.

'너무나 명쾌하고 간단한 반격이지. 이제 더는 뭐라고 말할 수 없겠지!'

그러나 장주는 오히려 유들유들한 웃음을 흘리며 차근차근 밝혀 말했다.

"자, 처음부터 차근차근 말해 볼까? 처음에 자네는 '네가 어떻게 물고기의 즐거움을 알았냐.'고 물었어. 그 말을 따져 보자면, 그렇게 물을 때 벌써 자네는 내가 물고기의 즐거움을 알고 있는지 어떤지를 이미 알고서 내게 물은 거야. 그렇지 않다면 그렇게 묻지 않았겠지. 자네도 이미 그렇게 알고 있으니, 이제 나도 알고 있다고 당당하게 말하는 걸세. '나는 물가에서 물고기의 즐거움을 알았네.'라고."[1]

장주의 말에 잠시 눈을 끔뻑이며 생각에 잠겨 있던 혜시가 버럭 소리를 질렀다.

"무슨 말이야? 사람이 알아듣게 말을 해야지! 내 귀가 못 미치는 게 아니라, 자네 입이 조리가 없는 거야, 이건……."

장주가 웃으며 혜시의 팔을 잡아당겼다.

"그래, 내 다시 말하지. 그러니까 자네는…… 자네가 내가 아니니까 나를 알지 못하는 것처럼, 나도 물고기가 아니니까 물고기가 즐거운지 어떤지 모른다는 말이었잖아?"

"그랬지."

"자네의 그 논리를 가지고 그대로 말해 보자는 거야, 나는. 그러니까, 자네는 내가 아니니까 내가 어떤지 모르잖아. 사실, 아는지 모르는지도 모른다고 해야 옳지?"

"그런데……?"

혜시는 또다시 장주의 말재간에 넘어가고 있는 듯한 불길한 예감이 들었다.

"그러니까 사실은, 자네는 내가 물고기의 즐거움을 아는지 모르는지, 그것까지도 모르는 거야. 어차피 자네는 모르잖아. 설마 '장주가 물고기의 즐거움을 모른다'는 걸 나는 알고 있다고 하지는 못할 테지? 이미 처음부터 자네가 내가 아니니까 모른다고 했잖은가?"

"내 말은…… 그러니까……."

"그런데도 자네는 처음에는 그리 말해 놓고, 뒤에 와서는 내가 아닌데도 불구하고, 내가 물고기의 즐거움을 아는지 모르는지를 자네가 알 수 있다는 식으로 말하지 않았는가? 그래서 나도 그 식으로 말하는 거야. 이를테면 자네 말은 상대가 아니더라도 상대가 알고 있는지 모르고 있는지 알 수 있다는 것 아닌가? 그러니까 자네가 나를 안다고 말하는 순간, 자네는 자네와 마찬가지로 내가 물고기가 즐거운지 어쩐지 알 수 있다는 것도 자네 스스로 인정한 셈이지. 그래서 자네처럼 나도 자신 있게 말하는 걸세. 나는 지금 물고기가 즐거운 걸 안다니까."

"그건 사실을 말하는 게 아니라 그냥 말장난이잖은가?"

혜시가 퉁명스레 내뱉었다. 장주가 혜시의 뿌루퉁한 얼굴을 흘깃 쳐다보더니 달래듯 부드럽게 말했다.

"사실을 말하자면, 내가 정말 아는지 모르는지, 자넨 알 도리가 없잖은가. 자넨 내가 아니라서 날 모르니까. 자네 말처럼……."

혜시가 벌떡 일어나 가슴을 쳤다.

"으이그, 내 팔자야! 남의 말꼬리나 붙잡고 맴맴 돌다니……. 이까짓 유치한 말장난이나 하자고 여기까지 온 줄 알아?"

장주가 따라 일어서며 하하하 웃어 젖혔다.

"미안하네. 그냥 장난질 쳐 본 거야. 내가 물고기가 아니니 물고기가 즐거운지 어쩐지 어찌 알겠나. 알 수 없는 게 천만 번 옳아. 내가 자네가 아니고, 자네 역시 내가 아니니 서로 간에 뭘 아는지 모르는지 모르는 게 천만 번 옳지."

"그럼 왜 물고기의 즐거움을 안다고 그래?"

혜시의 볼멘소리에 장주가 싱긋 웃었다.

"내가 안다고 한들 자네가 그걸 믿겠나? 자네가 모르는데 낸들 어찌 알겠는가? 물고기에게 즐겁고 말고가 있는지나 모르겠네. 그걸 바라보는 내 마음이 그렇다는 거지. 물고기들이 제가 살아가는 물 속 구름 그림자 속에서 한가롭게 노닐고 있으니, 그만하면 그저 좋겠구나 하고 말해 줄만 하지 않은가. 자네가 와서 내 기분이 좋으니, 더불어 물고기가 즐거워 보인 것일 테지……."

장주는 삐친 친구를 달래려는 듯 차근차근 말했다. 혜시는 금세 기분이 풀리기는 했으나 결론만큼은 자신의 말로 맺고 싶었다.

"그래, 어쨌든 물고기가 즐거운지 어떤지 자네도 도저히 알지 못한다 이거지?"

"왜, 내가 어쩐지 알고 있는 것 같아 두려운가?"

"에끼, 이 사람아!"

둘은 마주보고 껄껄 웃다가 아까 먹은 까마중이 입속을 검자줏빛으로 물들여 놓은 것을 보고는 서로 손가락질까지 하며 한 번 더 웃었다.

"그런데 말이야, 정말 물고기는 즐거운 걸 알까? 물고기는 고통을 느끼는 대뇌피질이 없어서 고통을 느끼지 못한다는데……. 고통이 없으면 즐거움도 없을까?"

혜시가 다시 쭈그려 앉으며 물었다. 한 번 궁금한 게 생기면 꼬리를 물고 이야기를 끌어 나가는 그의 재주가 도진 것이다.

"인간이 자기를 기준으로 생각해서 그렇다고 여기는 거겠지. 그래야 속 편하게 낚시하고, 산 채로 회를 뜨고, 산 채로 뜨거운 국 속에 집어넣을 수 있으니까. 물고기 입장에서 본다면야 왜 나름대로 고통이 없겠나. 생명을 유지하려고 생겨난 자체가 고통일 텐데 말이야."

"맞아, 고통을 느껴야 생명을 지키려는 몸부림을 칠 수 있을 테니까. 좀 둔하긴 해도 다 느끼겠지? 그리고 좀 둔하긴 해도 즐거움을 느낄 수 있다고 할 수도 있겠지?"

혜시가 심각하게 고개를 갸웃거렸다. 장주도 잠시 고개를 갸웃거렸다.

"사람을 기준으로 하면 둔하다고 말하겠지만, 물고기 입장에서 보자면 그게 최대한 예민한 감각이겠지. 어쨌든 물고기가 느끼는 것이 어떤 것인지 우리는 알 도리가 없는 거야. 다만 물고기는 자기 생명이 시키는 대로, 자연스런 본능대로 편안하게 사는 게 즐거움이라고 할 수는 있을 테지."

"음…… 물고기한테는 좀 미안하지만, 그래도 난 역시 회가 좋아……."

혜시가 입맛을 다시며 말을 맺었다. 어쨌든 장주가 결론을 내리게 하기는 싫었다.

"어라! 저기에 자네 좋아하는 까마중이 더 많이 있네, 저 가시덤불 뒤에."

장주가 웃는 사이에 혜시가 벌떡 일어나 멀찌감치 밭고랑 뒤쪽을 가리켰다.

"어어, 그래? 그냥 놔두게. 까마중으로 배 채울 것도 아니고……."

장주가 손을 내저어 말렸지만 혜시는 어느새 막대기를 하나 들고 덤불 쪽으로 저벅저벅 걸어갔다.

"아, 아니, 그쪽으로 가지 말래도!"

장주가 벌떡 일어나 소리쳤다. 덤불 쪽에는 장주가 얼마 전에 먹다 버린 음식 찌꺼기들, 동네 개들의 똥과 오줌을 섞어 놓은 거름 구덩이가 있었다. 가지 말라니까 오히려 더 장난기가 발동한 혜시는 잰걸음으로 달리기 시작했다.

다급해진 장주가 서둘러 혜시를 붙잡기 위해 달려가려는 순간, 한쪽 발이 땅바닥에 늘어진 호박 덩굴에 잡아채이듯 걸리더니, 장주의 몸은 그만 허공에서 날았다.

2. '까마중' 원문 풀이

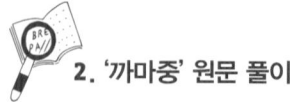

[1] 莊子與惠子 遊於濠梁之上 莊子曰 儵魚 出遊從容 是魚之樂也 惠子曰 子非魚 安知魚之樂 莊子曰 子非我 安知我 不知魚之樂 惠子曰 我非子 固不知子矣 子固非魚也 子之不知魚之樂 全矣 莊子曰 請循其本 子曰 汝安知魚樂云者 旣已知吾 知之而問我 我知之濠上也. 『장자』, 「秋水」

장자가 혜자와 함께 호수의 돌다리 위에서 노닐다가 장자가 말했다.
"피라미가 나와서 한가롭게 놀고 있으니, 이것이 물고기의 즐거움이로고."
혜자가 말했다. "자네는 물고기가 아닌데 어찌 물고기의 즐거움을 아는가?"
장자가 말했다. "자네는 내가 아닌데 어찌 내가 물고기의 즐거움을 알지 못한다고 하는가?"
혜자가 말했다. "나는 자네가 아니므로 참으로 자네를 모를 것이네. 자네도 물고기가 아니므로 자네가 물고기의 즐거움을 모르는 것이 틀림없네." 장자가 말했다. "처음으로 돌아가 보세. 자네가 나보고 '네가 어떻게 물고기의 즐거움을 아는가.'라고 말했을 때는 이미 내가 그것을 알고 있다고 알았기에 내게 (그렇게) 물은 것이지. 나는 호수물가에서 알았다네."

* 장자의 마지막 대꾸는, 실은 일부러 혜시의 말을 슬쩍 비틀어서 대답한 것이다. 혜시는 '너는 물고기가 아니므로 물고기가 즐거운지 아닌지 모를 것이다.'라는 뜻으로 '어떻게 물고기의 즐거움을 아는가?'라고 물은 것인데, 그것을 장자는 '어떻게 해서 알게 되었는가?'라고 물은 것처럼 일부러 비틀어서 얄궂게 대답한 것이다.

_지은이

나비의 꿈

3

"내 그렇게 밭에서 술 먹지 말랬건만……."

"아, 술 안 먹었대도!"

귀에 익은 맹자의 목소리에 장주가 끄응 신음 소리를 내며 신경질을 냈다.

"그 말을 어떻게 믿어. 몸을 이 지경으로 다쳐 놓고서."

맹자가 깁스를 한 장주의 팔뚝을 툭 쳤다. 찌릿한 통증이 온몸을 돌아 꼬리뼈까지 울렸다. 혹시 맹자가 쳐서 금이라도 갔나 확인해 보려는 듯 장주는 깁스를 한 왼팔을 내려다보았다. 멀쩡했다. 그런데 누군가가 벌써 낙서를 해 놓은 게 보였다.

'무하유지향 만세!'

'스톱, 크랙다운!'

'무하유지향'은 장자가 얼마 전부터 그 추종자들과 함께 작당을 해서 내려가 살겠다고 입버릇처럼 외고 다니는 시골 마을 이름이고, '스톱, 크랙다운!'은 이주 노동자들의 강제 추방에 항의하는 구호였다.

"내가 어린애야, 이런 낙서를 해 놓게."

장주는 깁스한 팔뚝을 담요로 가리면서 퉁명스레 뇌까렸다. 슬그머니 심통이 났다.

모든 것이 혜시 때문이었다. 공연히 제 취향도 아닌 까마중을 따겠다고 경중대더니 이 꼴을 만들어 버린 것이다. 장주는 제법 큰 바윗돌에 된통 부딪쳐 팔꿈치 관절뼈가 몇 조각이 나 버려 수술을 할 수밖에 없었다. 더 한심한 것은 이 지경까지 되었건만, 결국 혜시가 거름 구덩이에 쑤셔 박히는 것을 막지도 못했다는 사실이었다. 찰나의 순간, 둘은 서로 얼굴을 쳐다보며 한 사람은 거름 구덩이에, 한 사람은 개천 둑에 처박혔다.

장주는 혜시가 모는 차로 병원까지 오는 내내 팔꿈치의 벼락같은 통증과 혜시 바짓가랑이에서 풍겨 나오는 거름 냄새의 이중고에 거의 실신할 뻔했다.

잠깐 깨어났던 장주는 팔꿈치 수술이 무난히 잘 되었고 두어 달은 깁스를 한 채 다녀야 한다는 맹자의 말을 들으면서 다시 스르르 잠이 들었다.

얼마를 잤을까, 장주는 팔꿈치가 너무 쑤셔서 침대에서 일어나 앉았다. 웬일인지 4인용 병실은 텅 비어 있었다. 침대 중 하나는 말끔히 치워져 있었고, 나머지 둘은 헝클어진 채로 사람만 나간 듯했다. 수술을 마치고 마취 기운이 남아 있는 상태에서 병실에 들어왔으므로 나머지 침대에 어떤 사람들이 있었는지 알 수 없었지만, 어쨌든 환자고 간병인이고 하나도 안 보였다. 창밖을 보니 비가 추적추적 내리고 있었다.

장주는 얼굴을 쓰다듬어 보았다. 환자가 되었다고 어느새 가잠나룻이 거칠거칠했다.

'천하의 장주가 몸져누웠는데 문안 오는 인사가 아무도 없네…….'

장주는 창밖의 비 구경에도 심드렁해져 공연히 심심했다. 고개를 들어 보니 링거 병에서 수액이 똑똑 떨어지고 있었다.

'입을 놓아두고 핏줄이 먹게 하다니, 이건 아무래도 자연에 거스르는 짓이야. 저걸 그냥 입으로 쪽쪽 빨아먹는 게 혹시 내 몸에는 더 좋지 않을까.'

장주는 어떻게 할까 잠시 망설였다.

'그래, 아무래도 입으로 먹고 아래로 싸야 정상적 인간이야. 핏줄로 먹고 옆구리로 빼내면 되겠어?'

장주는 곧장 팔뚝에 꽂혀 있는 링거 병 튜브를 빼내어 입으로 가져갔다.

어랏! 튜브를 빼내어 입으로 가져가는 순간 튜브가 입술에 찰싹 달라붙었다. 아니 달라붙었다기보다는 입술이 뾰족하게 내밀어지더니 튜브 끝과 완전히 밀착되어 버렸다.

'오옷! 오고 오또코 돈 올오요. 오보요, 노고옵소요, 곤호소, 곤호소!' (아앗, 이게 어떻게 된 일이야. 이 봐요, 누구 없어요! 간호사, 간호사!)

장주는 오므라진 입으로 열심히 외쳐 댔다. 아무도 오지 않았다. 큰일이었다. 장주는 직접 간호사실로 가려고 오른팔로 시트를 확 젖혔다. 그러자 이번에는 시트가 그의 팔뚝에 확 달라붙어 버리는 것이 아닌가.

'이게 뭐야?'

시트를 떼어 내려고 팔을 펼치니 시트가 빨랫줄에 널린 홑청처럼 펄럭거렸다. 왼팔을 드니 왼팔 역시 마찬가지였다. 깁스한 팔 밑으로 시트가 펄럭이는가 싶더니, 이번에는 번쩍이는 가루 같은 것이 휙휙 날아다녔다.

'이게 꿈이지, 꿈일 거야.'

장주는 머리를 감싸 쥐며 되뇌었다. 세상에! 머리통 앞에 시커먼 빨대 같은 것이 달려 있었다. 또 눈앞에도 갑자기 격자무늬 같은 것이 떠오르더니 모든 상(像)이 동글동글하게 맺혀 어른거렸다. 놀라서 벌떡 일어섰다. 그러나 벌떡 일어서는 순간 몸이 두둥실 떠오르며 흔들렸다. 균형을 잡으려고 황급히 손을 내저었다. 얼마간 내젓고 나니 어느 순간 몸에서 무게가 느껴지지 않고 오히려 파도 위에 앉은 듯 편안해졌다. 그때가 되어서야 장주는 비로소 자기가 나비가 되었음을 알았다.

날개는 알록달록했고, 동그랗게 솟은 뱃살도 귀여웠다. 더욱이 넓어진 시야는 귀 뒤의 것도 훤하게 다 보였다.

'이야! 이것도 괜찮은데……?'

비행기가 선회하듯 천천히 날갯짓을 해 보았다. 몸이 미끄러지듯 허공에서 펄럭였다. 날개를 파닥거려 보았다. 몸이 금세 떠올라 천장에 가서 닿았다. 이왕 이렇게 된 거, 실컷 날아나 보자 싶은 생각이 들었다.

장주는 얼마 동안 여기저기 날아다니다가 지쳐서 침대 모서리로 갔다. 그도 모르는 사이에 그의 발들이 침대 모서리에 단단히 붙었다. 새로운 경험에 정신이 흐릿해진 장주는 그대로 잠이 들었다.

잠이 깼을 때 장주의 눈앞에는 음식 보따리를 가져온 얀츕이 앉아 있었다.

장주는 자기 몸을 내려다보았다. 날개도 볼록한 배도 없었다.

"내가 사람이잖아……."

장주가 중얼거렸다. 얀츕이 어리둥절한 표정을 지었다. 장주는 나비의 잔상을 털어 내려고 고개를 흔들었다.

얀츕이 장주 앞에 도시락 보자기를 풀어 놓았다. 부침개며 주먹밥이며 도라지 강정 등 평소 장주가 좋아하던 군입거리들이 소복했다. 맹자가 모처럼 솜씨를 부려 본 것이었다. 평소의 장주라면 덥석 집어 게걸스레 먹어 치울 것들이었다. 그런데 장주는 음식들을 멍하니 내려다볼 뿐이었다.

"왜 그러세요? 아직 아파요?"

얀츕이 걱정스레 물었다. 장주는 한숨을 푸욱 내쉬었다.

"얀춥, 내가 방금 이상한 경험을 두 번이나 했거든……. 그 얘길 해 줄게."

장주는 음식을 옆으로 치워 놓고 자신의 이상한 경험들을 말하기 시작했다.

얀춥, 조금 전에 이상한 일이 있었어. 나는 분명히 나비였어. 내가 나비로 변신한 게 아니라 원래부터 내가 나비였던 거야. 황금빛 꽃가루를 묻히고 오색 날개를 펄럭이며 훨훨 날아다녔지. 얼마나 유쾌하고 즐거웠는지 몰라. 진정으로 나는 나비 그대로였어. 내가 장주라고는 전혀 알지 못했어. 그렇게 얼마 있다가 갑자기 화들짝 깨어 보니 그만 내가 장주가 되어 있는 거야. 그러고 나니 도대체가 헷갈리는 거야. 나의 꿈속에서 내가 나비가 되었던 것인지, 아니면 나비의 꿈속에서 나비가 장주가 되어 있는 것인지?[1]

무슨 말인지 알겠어, 얀춥? 내가 원래 나인데 잠깐 동안 꿈속에서 나비가 되었던 것인지, 아니면 나는 원래 나비인데 지금 잠깐 동안 장주라는 인간이 된 꿈을 나비가 꾸고 있는 것인지 모르겠더라 이 말이야. 그러니까, 지금 이곳이 나비의 꿈속이 아닌가 하는 거지. 지금 나는 장주이지만 이건 꿈속이고, 조금 있다가 문득 깨고 보면 나비로 돌아가는 게 아닐까……. 도대체 어느 게 진짜이고 어느 게 잠시 벌어지는 착각인지 어떻게 알 수 있을까……. 아니면 내가 나였다가 나비였다가 하는 것이 그때그때 모두 진실이라면 어떨까……. 꿈을 통해서 두 세계를 번갈아 가며 사는 거지. 장주였다가 나비였다가 이렇게 변하면서 말이야……. 이것을 물화(物化)라고나 부르면 되겠지. 어느 순간 이것이 되었다가 흩어지고, 다시 다른 무엇이 되지. 그랬다가 다시 흩어지겠지. 그게 바로 물화야. 물화 속에서 나는 장주이면서 장주가 아니고, 나비이면서 나비가 아닌 게 되겠지……. 그 지경이 되면 장주도 꿈이고 나비도 꿈이지. 절대적인 나라는 것이 어디에도 없지…….

안춥은 자신도 어렸을 때 그런 착각이 들었던 적이 있었다고 하면서 웃었다. 나비까지는 되지 않았고, 다른 사람이 되었다고 했다. 아마도 훌륭한 비구니가 되었는데 꿈에서 깨어나서도 얼마 동안은 그 착각에서 벗어나지 못했다고 했다. 그런 꿈을 반복해서 꾸다 보니 '원래 나는 비구니인데, 가끔 가다 평범한 소녀가 되어 있는 꿈을 꾸는 것이 아닐까. 지금의 나는 그 꿈속에서 변해 있는 존재가 아닐까.' 하는 의심이 들었고, 그래서 다시 비구니로 돌아가기 위해 억지로 잠을 청해 꿈을 꿔 보려 한 적도 있었다고 했다.

장주는 안춥의 이야기를 들으며 어린애처럼 즐거워했다.

그때 간호사가 주사기를 들고 들어왔다. 간호사는 장주의 머리맡에 달려 있는 링거 병 줄을 잡고 주사기를 꽂았다.

"내 뭐 하나 물을 게 있는데……."

장주가 간호사를 붙잡고 뜬금없이 물었다.

"혹시 마취할 때 마약 넣었소?"

간호사가 놀라 눈을 동그랗게 떴다.

장주가 손을 내저으며 말했다.

"아, 아니, 아까 수술 받고 났을 때 느낌이, 꼭 마약을 한다면 이 느낌이겠구나 싶어서……."

간호사는 느닷없는 장주의 말에 입을 가리고 호호 웃었다.

"절대 마약으로 마취를 하지는 않거든요. 그런데, 마약을 해 보셨어요?"

간호사는 다시 호호 웃어대며 나갔다. 장주는 앉은 채로 한숨을 푸욱 내쉬었다.

"맞아, 그럴 리 없지……."

장주의 말에 얀츕이 물었다.

"왜 그러세요?"

장주는 얀츕에게 두 번째 이상한 경험을 말하기 시작했다.

난생 처음 수술실이란 곳으로 들어갔더라 이 말이야. 그 고약한 곳에 수술복을 입고 누웠으려니 으슬으슬 춥더라고. 의사와 간호사들이 UFO 같은 전등 더미 아래로 날 가져다 놓더니 몸에다 여기저기 줄을 매달겠지. 그러더니 의사가 말했어, 마취를 하겠습니다. 좀 어지러울 겁니다, 하고 말야. 마취과 의사가 주사기를 들고 섰는 걸 보니까 겁이 덜컥 나더군.

'야, 이거 이러다 영 못 일어나는 건 아닌가. 죽기까지야 않겠지만, 혹시 마취 후유증으로 기억 상실이라도 걸려서 깨어나면 어쩔 것인가. 내가 사십 몇 년을 친하게 지내 왔던 익숙한 나를 잃고서 깨어나면 어쩔 것인가…….'

아, 그래선 안 되는 일이었지. 내가 그리 원해서 그리 된다면 모를까, 원하지도 않는데 졸지에 그리 되면 영 당황스러워서 되겠냐 이 말이야. 그래서 순간적으로 결심을 했어. 정신을 놓지 말아야지. 고통을 느끼지 못하는 건 좋지만 정신까지 놓는 건 싫다. 끝까지 정신을 챙겨야지, 라고 말야.

마취약 냄새가 코끝에 맴도는가 싶더니 전등이 한 바퀴 휙 돌더군. 드디어 마취가 시작된 거지. 눈이 감겼어. 그래도 정신을 놓지 않았지. 갑자기 아무 소리도 들리지 않았어. 몸을 움직여 봤는데 안 움직이더군. 마취 상태야. 그런데 정신은 아직 그대로인 거야. 그때부터 난 속으로 뇌였어.

'나는 마흔일곱, 이름은 장주다. 가족은 누구누구고, 어머니 아버지 이름은 아무개 아무개다. 나는 장주다. 내가 좋아하는 것은 파란색, 나는 장주다, 나는 장주다. 내가 사랑했던 사람은 아무개다, 나는 장주다, 나는 장주다…….'

그렇게 뇌이고 있는데, 몸이 붕 뜨는 것 같더라고. 그러더니 오색 빛깔이 기하학적인 무늬로 끝없이 나열되는 터널 같은 곳으로 몸이 쑥 들어가더니 빠른 속도로 지나가는 거야. 마치 놀이 기구, 거, 뭐라더라, 롤러코스터라는 거, 그걸 탄 것 같았어. 오색 빛깔이 기하학적인 무늬로 끝없이 나열되는 터널 안을 휙휙 지나갔어. 그때까지도 난 계속 속으로 되뇌었어.

'나는 장주다, 나는 장주다…….'

그런데 그렇게 되뇌던 있던 어느 순간 갑자기 외우던 게 까맣게 생각나지 않는 거야. 분명히 내가 누구라고 되뇌고 있었는데, 갑자기 그게 까맣게 지워진 거야. 무슨 뜻인지 알겠어, 얀춥? 내가 누군지 잃어버린 거야. 분명히 조금 전까지 내가 누구고, 가족 관계는 어떤지, 뭐하는 인간인지 알고 있었는데 순식간에 깡그리 잊어버린 거야. 좀 멍했는데, 그렇다고 눈이 번쩍 떠지는 것도 아니고 몸은 계속 오색 터널을 미끄러져 내려가고 있었거든.

그런데 조금 있으려니 그 기분도 괜찮은 거야. 뭐가 괜찮냐고? 내가 누군지 몰라도 말야. 나는 내가 누군지 모르게 되면 굉장히 절망스럽고 황당하고 두렵고 슬플 거라고 생각했었거든. 그래서 내가 누군지, 결코 정신 놓지 않으리라 단단히 결심했던 것 아니겠어? 그런데야, 이거, 기분이 그냥 덤덤하고 괜찮더라고. 내가 누군지, 여태 뭐하고 살았는지, 사랑하던 사람은 누구였는지, 하나도 기억나지 않는데도 그냥 괜찮더란 말이지. 그렇다고 해서 지금 여기 있는 나라는 존재 자체가 없어지는 게 아니잖아. 내 문패가 떨어져 나갔지만, 그렇다고 해서 지금 여기 있는 내 존재가 없는 건 아니잖아.

조금 있으려니까 좀 더 나아가서, 이번에는 존재 자체가 의식되지 않는 거야. 개별적인 한 인간으로서의 존재 자체가 없어진 느낌이 들기 시작한 거지. 무슨 말인고 하니, 내가 완전히 한 인간으로서는 소멸해 버리고 그냥 전체가 되고 만 느낌이 들었다, 이 말이지. 에고, 무슨 말인지 도통 모르겠다고? 그래, 얀츕. 그럴 거야. 내가 아무리 말해도 아마 잘 이해되지 않을 거야.

그냥 내 존재가 완전히 흩어져서……, 아니지, 흩어졌다고 하면 잘게 부순 알갱이가 남아야 하니까 그것도 아니고……, 완전히 허물어져서 물에 녹듯이 그냥 전체라는 한 덩어리에 녹아 버린 것 같은 느낌이랄까, 그랬어. 분명히 수십 년 동안 내가 정든 어떤 한 인간이라는 게 있었고 그게 나였을 텐데, 그걸 완전히 잊었다 해서 하나도 섭섭하지 않았어. 나라는 것은 그 상태에서 있는 것도 아니고 없는 것도 아니었지. 그건 있다, 없다는 것으로 말할 수도 없고, 나이다, 아니다 라고 구별할 수도 없는 것이었어.

…… 그냥 그렇더라고. 그래서 한동안은 내가 누군지 생각하지 않게 되었어. 그냥 터널 여행을 즐기기만 했지. 그러다가 어느 순간이 되니까 속도가 줄고 기하학적인 오색 무늬도 조금씩 줄어 나가더니 붕 떴던 몸이 침대 위로 차분히 내려오더군. 아, 여행이 끝났구나 하고 느끼는 순간 두런두런 말하는 소리, 기구들이 부딪히는 소리가 들리더니 실로 꿰매는 느낌, 단단한 판을 대는 느낌, 천을 감는 느낌들이 나기 시작했어. 그러더니 거짓말처럼 나는 장주이고, 마흔일곱 살이고, 내가 사랑하는 사람은 누구이고…… 하는 것들이 문득 떠오르

더군. 나는 다시 장주라는 한 인간으로 돌아온 거야. 신기하게도 아까의 기억도 몽땅 그대로 가지고 말이야.

장주가 여기까지 말하자 얀춥이 정색을 하고 물었다.

"정말 마약 쓴 거 아닐까요?"

장주가 미소를 지으며 얀춥의 눈을 들여다보았다.

"얀춥, 나는 생명의 본래 모습을 꿈속에서 본 것 같아. 무슨 뜻인지 알겠어?"

얀춥은 미안해하는 표정으로 고개를 저었다.

"장주 님, 제가 말을 못 알아들어서 섭섭하시죠?"

얀춥이 장주의 얼굴을 살피며 조심스레 물었다. 장주가 생각에 골똘한 것을 보고 우울해졌다고 지레 짐작했기 때문이었다. 장주는 속으로 혀를 찼다. 남에게 성의를 다하는 이런 점은 얀춥의 장점이기도 하고 단점이기도 했다. 상대는 그와 같은 정도의 성의를 가지고 대하지 않을 경우가 많은데, 그럴 때마다 그녀는 깊이 상처를 받기 때문이었다.

장주는 얀춥에게 설명해 주기 위해 적절한 비유를 찾느라 고개를 갸웃했다. 얀춥은 고개를 돌려 창가로 들어오는 햇살에 떠 있는 먼지들을 주시했다.

"아! 빛이야, 빛."

장주의 외침에 얀춥은 금세 반가운 얼굴이 되었다. 장주가 뭔가 설명해 주기 알맞은 거리를 찾은 듯 보여서였다.

"우리는 이렇게 눈으로 빛을 보잖아?"

"맞아요. 빛으로 보지요."

얀츕이 얼른 대꾸해 주었다.

"그런데 그 빛이란 놈은 말이야, 우리가 보는 것보다 훨씬 많아."

"보이는 것 말고 무엇이 더 있다고요?"

얀츕이 어리둥절한 표정을 짓자 장주는 흥에 겨워 설명했다.

"우리가 눈으로 보는 빛은 가시광선이라고 해. 그런데 빛의 정체는 전자기파라는 것이야. 전자기파는 파장이 몇 킬로미터 이상인 전파에서 10억 분의 1밀리미터 이하인 감마선까지 그 폭이 넓은데, 그 중에서 우리가 눈으로 보는 것은 가시광선이야. 가시광선의 파장 영역은 400에서 800나노미터(nanometer ; 1미터의 10억 분의 1) 정도니까, 인간이 눈으로 감지하는 가시광선은 그 안의 극히 한정된 영역뿐이라는 거지. 빛의 전체 중에서 겨우 그것만이 눈에 보여. 그런데도 우리는 세상의 모든 것을 다 눈으로 본다고 생각하고 살아. 어때, 얀츕? 우리가 아는 것, 안다고 하는 것이 그처럼 아주 작은 것에 지나지 않단 말이야. 얼마나 어리석은지 알겠어?"

"조금 알면서 다 아는 것처럼 생각하는 거, 그건 나쁘지요. 그런데……."

얀츕은 고개를 끄덕이면서도 뭔가 석연찮은 구석이 있는 듯한 표정으로 그 다음 말을 꺼내려고 망설였다.

"그래도 내 말이 무슨 말인지 잘 모르겠지?"

장주는 그럴 것이라고 생각하면서 한숨을 내쉬었다. 모국어를 쓰는 사람에게도 이해시키지 못하는데 외국인에게랴……. 그런데 얀춉의 다음 말이 장주를 적잖이 놀라게 했다.

"그게 아니라…… 그런데, 그걸 아는 게 왜 중요해요?"

"뭐, 뭐가? 그게 왜 중요하냐고……?"

장주는 말까지 더듬었다. 얀춉은 야무지게 다시 물었다.

"우리 눈으로 보는 게 적은 부분이라는 거, 내가 경험하는 게 아주 작다는 거, 그것 말고도 사실은 훨씬 더 많은 게 있다는 거, 그거 아는 게 왜 그렇게 중요해요?"

"야아, 얀춉! 비로소 자네와 내가 도를 논할 수 있게 되었어. 이제야 내가 진정한 도반을 찾았구먼."

장주는 말문이 막힌 속내를 들키지 않으려고 호들갑을 떨었고, 얀춉은 그런 그를 보고 눈을 흘겼다.

"만날 그 소리……."

"그랬던가? 허, 허, 허……."

장주가 웃는데 얀춉이 다시 물었다.

"그게 왜 중요해요? 장주 님은 늘 말씀하시지요, 조균은 하루를 알지 못하고, 쓰르라미는 봄가을을 알지 못한다고요.[2] 더 큰 거, 더 먼 거 모른다고, 어리석다고요. 그런데 왜 매미가 봄가을을 알아야 하고, 하루살이가 그 다음 날이 있는 거 알아야 해요?"

"아, 그게 말이야, 자네 말이 뭔 뜻인지 알겠는데…… 그게 말이야……."

장주가 말을 더듬었다. 예상했던 반론이기는 하되, 그것이 얀춥 입을 통해 나온 것이 꽤나 당황스러웠던 것이다. 늘 장주의 말을 가만히 경청하기만 하던 얀춥이 아니던가.

"매미가 봄가을을 알아야 한다고 하는 말은 아니고……."

장주가 말을 느리게 하면서 생각을 정리해 가려는 참에 갑자기 병실 문이 열리며 호탕한 웃음소리가 들려왔다. 감색 양복을 번지르르하게 차려 입은 혜시가 병실로 들어온 것이다.

"으하하하, 이제야 임자 만났네. 천하의 수다꾼 장주의 말을 더듬게 하다니, 역시 얀춥은 대단해."

얀춥이 혜시에게 눈인사를 건네며 의자를 권했다. 장주는 눈을 흘겼다.

"내 누구 때문에 이 꼴이 났는데, 자넨 아주 때깔이 좋구먼."

장주의 말에 혜시가 펄쩍 뛰며 소리쳤다.

"때깔 같은 소리 하고 있네. 그놈의 거름 냄새 없애려고 얼마나 닦았는지 알기나 해? 아예 살갗이 벗겨질 지경이야."

"살갗이 벗겨지는 건 잘 모르겠지만, 지금 자네 몸에서 풍기는 싸구려 향수 냄새보다는 차라리 그 거름 냄새가 더 나을 듯싶어."

"그야, 평소 거름 냄새에 찌들어 사니 거름 냄새가 더 익숙할 수밖에……. 이게 얼마짜리 향수 냄새인지 알기나 해……."

장주의 비아냥거림에 혜시는 양복 자락을 펄럭여 장주에게로 냄새를 보냈고, 장주는 코를 쥐어 싸며 손사래를 쳤다. 혜시가 빙글거리며 은근한 목소리로 말했다.

"내 좀 전에 문밖에서 둘의 정담(情談)을 좀 엿들었는데……."

"뭣이, 정담? 얀츕을 어찌 보고……?"

장주가 펄쩍 뛰었다. 얀츕이 배시시 웃자 혜시가 더 실실거렸다.

"그으래? 얀츕은 잘못 봤다 치고……. 그럼 자넨 바로 봤구먼?"

"비싼 향수 뿌리고 와서 객쩍은 소리 나불대지 말고 병문안이나 제대로 해."

장주가 팔을 흔들자, 혜시는 장주의 깁스한 팔을 툭툭 건드리며 말했다.

"내가 병문안 할 일이 뭐 있나. 밖에서 들으니 아직 주절주절 떠드는 요 입도 건재하시고, 정신병자와 몽상가를 넘나드는 요 두뇌 회로도 건재하시고……."

"주절주절 떠드는 거야 자네 따라가려면 아직 한참 멀었고, 내 두뇌 회로야 워낙 기본 용량이 수억 기가급이니 웬만큼 다쳐서는 표도 안 날 거네. 자네같이 즉각적으로 충격이 전달되는 허약한 구조가 아니니까……."

"으이그, 세계 평화를 위해선 요 팔이 아니라 요 입을 다쳤어야 하는데……."

혜시가 장주의 입술을 손으로 싸쥐고 흔들자 얀츕이 옆에서 쿡

쿡 웃었다.

혜시가 장주의 침대 시트에 손을 쓱쓱 문질러 닦으면서 말했다.

"아 참, 어서 말씀해 주시지, 얀츕에게."

"뭘?"

"영민한 얀츕이 물었던 거 말야, 왜 한철 매미가 봄과 가을을 알아야 하는지 말이야. 봄과 가을이 있다는 걸 아는 게 매미한테 무슨 의미가 있냐 이 말이지. 우리가 몰라서 그렇지, 매미에게는 애벌레 시절부터 맴맴 울다 죽을 때까지의 세월이 인간의 팔십 년과 같을 거라고. 누구나 그만큼 생겨날 때 가지고 태어난 만큼 살다 죽는 거야. 매미한테 따뜻한 봄이 있고, 서늘한 가을이 있고, 흰 눈 오는 겨울이 있다고 얘기해 봤자 그게 무슨 의미가 있냐고? 설마……."

혜시는 말끝을 흐리면서 장주에게 그의 넙데데한 얼굴을 냅다 들이밀었다.

"설마, 뭐?"

장주가 혜시의 얼굴을 밀며 물었다. 혜시가 개구쟁이처럼 웃었다.

"설마 자네…… 여름 내내 매미 소리에 시달린 나머지 매미를 죽이려고 작정한 거 아니겠지? 매미에게 그들이 살지 못하는 봄과 가을이 있다는 걸 얘기해 줘서 약 올리려고? 매미 염장질러서 지레 죽게 만들려고?"

장주는 잠시 혜시의 빙글거리는 얼굴을 빤히 쳐다보았다. 본디 심성이 고약하거나 가살스런 짓을 하는 친구는 아닌데 재주가 자질을 넘치면 탈이 나는 법, 지금도 뭔가에 들떠서 새로운 일을 꾸미고 있음이 틀림없었다. 그릇이 작은 것은 아니로되, 항상 갖고 있는 그릇의 크기보다 더 화려하고 더 커 보이고 싶어 하는 게 문제였다.

"뭘 그리 빤히 쳐다보시나? 내가 정곡을 찔렀어?"

혜시가 남의 속도 모르고 계속 농담조로 말했다. 장주가 퉁명스레 말을 받았다.

"자기 그릇의 크기로 감당할 수 없는 말을 듣게 해서 약 올릴 수도 있고 염장을 지를 수도 있다면, 자넨 벌써 내 옆에서 말라 죽었어야 해. 자기 귓구멍에 들어오는 소리밖에 못 듣는다고 해서 귓구멍 바깥에서 날아다니는 모든 소리가 없다고 하는 게 진정 어리석지 않단 말인가?"

"또, 또 저 쓸데없는 소리……. 자네 말은 그럴듯하지만 쓸데없어. 자네는 쓸데없는 데 마음을 빼앗겨 온통 허황된 환상 속에서 사는 것 같다고. 자네가 사람인 이상, 인간 장주인 이상, 장주의 경험, 장주의 생각, 장주의 느낌에 충실히 사는 게 자연스러운 것 아니겠는가? '아, 나는 지금 찰나의 순간만 장주이고, 이 허물을 벗어 던지면 장주도 뭣도 아닌 것이다. 그게 진정 자유다.'라고 말하지만, 그런다고 장주 자네의 삶이 뭐 달라지는 거 있는가? 만물이 다 자기 생긴 대로 살다 없어지는 거야. 생긴 대로 살 때는 열심히 자기 생긴 대로 사는 게 중요하지. 왜 도대체 나 아닌 삶, 내가 없어진 다음의 삶을 기웃거리는가?"

혜시는 허허 웃으며 어깨를 뒤로 한껏 젖혔다. 내 한 수 가르쳐 줌세! 하는 표정이었다.

장주는 그런 그를 힐긋 쳐다보더니 뚱한 얼굴로 대꾸했다.

"나는 이 세상에서 열심히 살긴 하지만 장주라는 문패가 나에게 그다지 중요하지 않단 말일세. 나는 이 우주 안에서 그냥 우연히 엉킨 한 존재일 뿐이야. 특별할 것도 없고 또 특별하지 않을 것도 없지. 모든 존재와 모든 존재 아닌 것들과 함께 같이 가는 거라고. 내가 아닌 남의 삶을 기웃거린 적 없어. 나는 나이면서 내가 아니듯이, 남들 역시 그 자신이면서 동시에 그 자신이 아니지. 나아가 내가 내가 아닐 때 남들도 역시 남이 아니고, 그 세계가 되면 나와 남의 경계가 없어지는 게 훤히 보인다네."

혜시는 가볍게 병문안 하려다가 너무 심각한 논의에 빠져 들어 머리가 지끈지끈 아프기 시작했다. 하지만 왠지 지기 싫은 생각이 불쑥 치밀어 올랐다.

"자네가 아무리 그렇게 말해도 자기 자신이야말로 세상에서 가장 소중해. 게다가 사람은 세상을 사는 동안 자기 자신에게서 벗어날 수가 없어. 자기 자신을 길가의 돌멩이, 한 줌 흙덩이와 같다고 하면서 사는 게 행복하겠어? 아니면 제 이름 석 자, 폼 나게 내걸 수 있는 인간으로 사는 게 낫겠어?"

"물론 내가 소중하지. 하지만 이 우주를 채우고 있는 모든 것이 다 같은 값이라네. 나만 소중한 게 아니야. 그러니 특별히 더 소중하다고 말할 수 없는 것이야."

"난 바로 그렇게 말하는 장주 자네가 엄청 잘난 체하고 있는 걸로 보이네. 난 알고 있는데 너희는 모르지, 하는 얼굴로 말일세. 얼굴에 그렇게 쓰여 있는걸. 내가 좀 더 쉬운 얘기를 해 보지. 박쥐는 말일세, 눈이 없잖은가. 초음파로 다 본다는군. 누에 역시 눈이 없어. 오직 단단한 턱만 있지. 먹는 게 유일한 일이니까 눈이 있으면 오히려 방해가 되겠지. 박쥐나 누에에게 오색 빛을 얘기하는 게 무슨 의미가 있겠나. 자네 말은 들을 때는 그럴싸하지만 사실 영양가 없는 허황된 말처럼 들려. 그저 자기가 사는 만큼, 자기 생긴 것만큼만 충실히 살면 되는 거 아닌가? 오히려 마치 눈이 생기는 것이 자기 삶에 충실한 누에에게는 해가 되는 것과 같다 이 말일세."

장주는 혜시의 반격에 대한 대답 대신 얀춥을 쳐다보았다. 얀춥은 장주의 침대 주변을 정리하는 척하고 있었지만 실은 혜시와 장주의 말씨름에 귀를 기울이고 있었다.

"얀춥, 자네도 혜시 생각과 같은가? 그게 궁금한가?"

"다 알아들을 수는 없지만……."

얀춥은 좀 미안해하는 것 같았다. 다 알아들을 수 없어서 미안하다는 것인지, 장주의 편을 들어 줄 수 없어서 미안하다는 것인지, 아니면 둘 다인지……. 아무튼 얀춥은 쭈뼛거렸다.

"누에가 뽕잎 갉아먹기를 중단하든지 딴청을 부리든지 하면 비단실을 노리는 사람만 손해 보는 거지, 누에가 손해 볼 일이 뭐가 있겠나. 누에에게는 다른 세상, 다른 삶이 열리는 거야. 매미가 여름이 전부가 아니라는 걸 알았다고 해서 자포자기하고 불량 매미로 어슬렁거리며 살 것 같은가? 무엇이 좋은 것이고 나쁜 것인지를 자신만의 눈으로 판단해서는 안 되는 거네…….”

혜시가 답답하다는 듯 말을 받았다.

“자네는 불가능한 걸 말하고 있어. 매미가 매미인 자신을 넘어설 수 있겠나? 자네 역시 인간 장주를 넘어설 수 있겠나? 왜 볼 수 없는 세상, 들을 수 없는 소리를 자꾸 들어야 한다고 말하는 거야…….”

“내가 생명을 넘어설 수 있겠나? 내가 이 우주라는 내 세계의 영역을 넘어설 수 있겠나? 내가 자연의 섭리를 넘어설 수 있겠나? 넘어설 수도 없고, 넘어서지지도 않아. 넘어설 수 없는 세계를 기웃거리고 있는 게 아니야. 다만 나만 바라보고, 내 소리만 듣고, 내가 보는 것만 보고, 내 맛있는 것만 먹는 게 어리석다는 것을 아는 게 중요하다는 거지. 그건 다 허상이거든. 잠시 허상에 묶여 있는 나를 훨훨 풀어 주고 싶은 거야. 내가 나에게서 벗어나야 자유로워지는 거야. 자기 속의 헛것에 묶여 있는 것이 얼마나 답답한지, 그걸 어서 알자는 거야. 그래, 말이 나왔으니 말인데, 우리 예서 이럴 게 아니라 밖에 좀 나가서 얘기하자고. 이거 답답해서 원……. 어이쿠!”

장주가 슬리퍼를 발에 꿰려고 벌떡 일어서다가 털썩 주저앉았다. 현기증이 난 것이다.

안춥이 말렸지만 장주는 기어코 바깥바람을 쐰다며 일어섰다.

장주의 차분한 반격에 좀 당황했던 혜시도 못 이기는 척 일어섰다. 혜시와 안춥은 휠체어에 장주를 앉히고는 병원 뒤편의 작은 정원으로 나갔다.

3. '나비의 꿈' 원문 풀이

[1] 昔者莊周夢爲胡蝶 栩栩然胡蝶也 自喩適志與 不知周也 俄然覺 則蘧蘧然周也 不知 周之夢 爲胡蝶與 胡蝶之夢爲周與 周與胡蝶 則必有分矣 此之謂物化.『장자』,「齊物論」

예전에 장주가 꿈에 나비가 되었다. 팔랑팔랑 날갯짓하는 나비였다.
스스로 유쾌하고 뜻에 잘 맞았기에 장주인 것을 몰랐다. 얼마 있다가 깨어보니 덜컥 장주였다. 알지 못하겠다, 장주의 꿈에 나비가 되었던 것인가? 나비의 꿈에 장주가 되어 있는 것인가?
장주와 나비는 반드시 구별이 있는 것이니, 이것을 '물화(만물의 변화)'라고 이른다.

[2] 朝菌 不知晦朔 不知春秋.『장자』,「逍遙遊」

朝菌 不知晦朔 蟪蛄不知春秋.『장자』,「逍遙遊」

조균(아침에 피었다가 저녁에 지는 하루살이 버섯)은 한 달을 알지 못하고,
쓰르라미는 한 해를 알지 못한다.

혜시의 쓸모

4

내리다 말다 하던 가을비가 잠시 멈췄다. 화단에는 만수국이 가득 피어 있었다. 더위 끝이라 축축한 바람이 오히려 시원했다. 초가을 건들장마 치고는 비 오는 양이 너무 많다 싶었지만, 어쨌든 끈적하고 수증기 많이 생기는 장맛비와는 느낌이 달랐다.

장주는 연신 바람을 들이마시고 혜시와 얀츕은 자판기 커피를 뽑아 먹었다. 커피를 마시는 둘의 모습을 물끄러미 바라보던 장주가 입맛을 다셨다. 얀츕이 미안해하는 표정을 지었다. 혜시가 갑자기 낄낄거리며 웃었다. 장주가 볼멘소리로 뭐가 그리 좋으냐고 물었다.

"아아니, 저기 저 나무를 보니 꼭 자네 꼴 같아서 그러이……."

혜시가 가리키는 곳을 보니 정원 뒤편으로 야트막한 언덕이 보이는데, 그 속에 나무들이 비를 맞고 후줄근하니 서 있었다. 도대체 뭘 보라는 건가 싶어 장주는 초점을 맞추려고 눈을 찌푸렸다. 다소 컴컴한 나무 그늘 속에 유난히 볼품없어 보이는 한 나무가 있었다.

혜시가 커피를 입에다 다 털어 넣더니 점잖게 입을 열었다.

"우리 집 뒤에도 저것처럼 보잘것없는 가죽나무가 있었어. 그 큰

줄기는 울퉁불퉁해서 직선을 그릴 수가 없고, 잔가지는 비비 꼬이고 구부러져 동그라미나 네모꼴을 그릴 수도 없었네. 그래서 그 나무가 길옆에 서 있었지만은 목수가 쳐다보지도 않았지. 지금 자네 하는 말이 딱 그 모양이야. 너무 허황되게 크기만 하고 영 쓸모가 없으니 뭇 사람들이 모두 버리고 떠나 버리는 거야……."

"흥! 쓸모?"

혜시의 말허리를 자르면서 장주가 콧방귀를 뀌었다.

혜시도 지지 않고 콧방귀로 대거리를 했다.

"흥은 무슨 흥! 시절 좋아 흥타령이야? 쓸모에 관해 내 일러 줄 테니 귓구멍 파고 잘 들어 봐. 내가 간밤에 신기한 꿈을 꾸었어. 누가 내게 큰 박씨를 하나 주길래 심어 키웠지. 그게 쑥쑥 자라더니 금세 열매를 맺었는데, 크기가 쌀이 다섯 말은 들어갈 정도로 크지 뭔가. 그 속에 물을 담을라 치면 너무 무거워서 들 수도 없겠거든. 그래서 그 박을 타서 바가지를 만들었는데, 너무 얕고 평평해서 아무것도 담을 수가 없었어. 공연히 크기만 할 뿐 아무 쓸모가 없는 거야. 그래서 내가 그것을 아주 부숴 버리고 말았다네.[1] 내가 그런 꿈을 왜 꾸었는지 모르겠다만, 지금 생각해 보니 자네 말이 딱 그렇다 이 말이야. 크기만 하면 무얼 하나? 도무지 어디다 써먹을 수가 있어야지. 영 양가가 없단 말이야……."

혜시는 짐짓 자신의 비유가 꽤 근사하게 느껴졌는지 의기양양한 눈빛으로 장주의 얼굴을 들여다보았다. 장주는 피식 웃으며 고개를 돌렸다.

"졸렬하기는? 제대로 쓸 줄도 모르면서 재료 탓을 하는구먼."

장주의 말에 혜시가 발끈했다.

"턱 보면 재료가 되는지 안 되는지 바로 판단이 서는 거지 뭔 딴 소리가 필요할까. 그럼 자네라면 재목이 안 되는 큰 나무와 형편없이 크기만 한 바가지를 어떻게 제대로 쓴단 말인가?"

혜시가 따졌지만, 이번에는 장주가 그만하자면서 고개를 저었다.

혜시가 승기를 잡은 듯 내처 장주를 몰아댔다.

"변변하게 대거리를 할 게 없는 모양이지? 왜 천하의 장주가 논쟁을 피하시나?"

"피하기는……? 다 자네를 위해서 그만 하자는 거야…… 이 미련한 인물 같으니라고……."

"무엇이? 날 위해서라? 날 위해 줄 사람이 없어서 자네까지 나서게 할까 봐? 할 말 없으면 아이고 형님, 하고 물러나시지."

"흐흐흐…… 내가 말하고 나면 자네는 또 자기 생각이 짧았음을 뼈저리게 느끼고 좌절할 텐데, 친구가 되어서 내가 번번이 자네를 그렇게 만들고 싶겠나? 이 깊은 뜻을 몰라주시는군."

혜시의 얼굴이 붉어진 것을 보고 얀춥이 눈치를 살피며 말렸다.

장주가 얀춥을 보고 껄껄 웃었다.

"우리가 심각하게 언쟁이라도 벌이는 줄 아나 봐. 그런 게 아닐세, 얀춥. 이건 우리의 오랜 놀이야, 놀이. 말놀이란 말이지."

"암만, 암만. 그렇고 말고. 우리가 싸울라 치면 쩨쩨하게 언쟁하지는 않지. 주먹다짐이나 멱살잡이 놔두고 왜 입으로 싸워?"

혜시도 능청스레 대꾸하며 껄껄 웃었다.

얀춥은 둘을 번갈아 쳐다보다가 눈을 흘겼다.

얀춥이 안심한 것을 보고 혜시가 또 깐죽거리는 품새로 말했다.

"그럼 다시 놀이로 넘어가야지. 그래, 장주, 무슨 말로 날 좌절시킨다는 말인가. 어디 자네의 쓸모에 대해서 말해 보시지."

장주가 목울대를 고르더니 정색하고 받았다.

"우선 바가지 얘기부터 해 보지. 여기 엄청나게 큰 박이 있다 치세. 그걸 보고 얕고 평평해서 아무것도 담을 수 없으니 아무짝에도 소용없다고 타박만 할 게 아니라, 그것으로 큰 술통 모양 배를 만들어 강으로 호수로 둥둥 떠다닐 생각을 왜 하지 않는 것인가?[2] 생각이 자잘하고 꼬인 거야……."

자잘하고 꼬였다는 말에 혜시가 급히 대거리를 하려고 숨을 몰아쉬는데, 장주가 그의 말을 잽싸게 가로막고 다음 말을 이었다.

"나무도 그래. 울퉁불퉁하고 비비 꼬인 큰 나무가 있다 이거지? 시골 동네 어귀마다 한 그루씩 버티고 서 있는 오래된 느티나무 같겠군 그래. 그걸 생각해 보세. 쓸모? 그런 나무가 있다면 넓디넓은 벌판에 떡 하니 세워 놓고 그 옆에서 한가하게 거닐다가 노닐다가 낮잠도 좀 자고 그러겠네. 나무 입장에서도 보면, 도끼에 잘릴 염려도 없고, 언놈이 해치지도 않을 것이니 괴로울 일이 뭐가 있겠나.[3] 오히려 일찌감치 나무장이 눈에 띄어 뎅겅 잘려 몇 날 며칠을 찌고 말리고 고통당하다가 요리 베이고 조리 베여서 톱질에 못질에 갑갑한 칠까지 입혀 남의 집 침침한 방 귀퉁이에 서 있다가 버려지는 신세보다야 백 번 낫지. 은동 장식에 칠보, 거북이 등껍질 붙이고 비싼 옻칠을 겹겹이 하고 귀족의 거실에 조명을 받고 서 있는 가구가 되는 게, 뿌리에 벌레 기어 다니고, 몸뚱이에 매미 개미 올라 다니고, 가지 위에 새 둥지 앉혀 주는 것보다 더 호사스러울 듯싶은가? 쓸모? 누구의 쓸모를 말하는 거야? 나무로 봐도 그렇고, 그 나무를 바라보는 나로서 봐도 그렇고 아주 훌륭한 쓸모 아닌가? 대체 자네는 어느 쪽 쓸모가 더 나은 쓸모라는 거지?"

장주는 긴말을 끝내며 혜시의 얼굴을 짓궂은 표정으로 살폈다. 그러나 혜시는 웬일인지 버릇대로 단박에 말머리를 채며 대꾸하지 않았다. 그는 그냥 잠시 가을비에 젖은 정원을 바라보았다. 표정이 좀 어두워진 듯싶었다.

"내 말씀이 너무 지당해서 말문이 막힌 겐가? 아님 그동안의 무지가 단숨에 깨이는 것 같아 정신이 혼미한가? ……왜 말이 없어?"

장주가 어색한 분위기를 깨려고 짐짓 농을 치자 혜시가 길게 한숨을 쉬었다.

"나무야 어차피 생각이 없으니 나무한테 뭐가 좋은지 그른지는 따질 필요 없지. 문제는 사람이야. 사람 입장에서 어떤 것이 쓸모 있는 것이냐……. 그건 언제나 그렇듯이 자네와 나의 좁혀질 수 없는 의견 차이야. 나는 큰 나무 밑에서 한가하게 놀고 싶은 생각이 없어. 어차피 이 세상에서 사람들과 함께 살고 있는 바에는 뭔가 일을 해내야 하지 않겠나. 나를 이 세상에 쓸모 있게 쓰는 거지. 큰 나무나, 그 그늘 밑에서 노는 자네는 그게 편하고 좋겠지. 그럼 그렇게 살아. 나는 땀 뻘뻘 흘리며 내가 만들고 싶은 걸 만들면서 살 테니까."

말을 마친 혜시의 표정은 비장하기까지 했다. 장주가 고개를 끄덕였다. 혜시가 그렇게 말을 하는 이유를 짐작하는 바가 없지 않았기 때문이다.

혜시는 바야흐로 학교를 벗어나서 정치판에 뛰어들려고 하고 있었다. 몇 년째 혜시를 끌어내기 위해 공을 들인 정치인 그룹이 있다는 것을 장주도 잘 알고 있었다. 그들의 얼굴 얼굴은 비교적 야합과 술수에 아직 물들지 않은 신진들이라고는 해도, 아무래도 장주는 걱정이 되지 않을 수 없었다. 혜시가 적당히 정치적인 성격을 갖고 있기도 하고 워낙 나서기 좋아하기는 해도, 한편으로는 아직 청년 같은 순박한 열정을 갖고 있었다. 요컨대 남에게 이용당하기 딱 좋은 사람이었다. 만나면 시답잖은 말장난이나 주고받기는 해도 혜시는 장주의 오랜 벗이 아닌가. 장주는 혜시가 아무 준비 없이 싸움터에 나가는 어설픈 투사인 것 같아 항상 마음이 편치 않았다.

'언놈이 우리 혜시에게 고추장을 억지로 먹였는지 내 잡히기만 하면 요절을 낼 터……'

투계꾼들은 투계장에 나가기 전, 굶긴 닭에게 고추장을 억지로 먹인다고 했다. 그걸 먹고 속에서 펄펄 불이 난 닭들은 눈알까지 벌개져서 상대의 목덜미를 쪼려고 미쳐 날뛴다고 한다. 누군가가 혜시를 쌈닭으로 쓰려고 고추장을 먹인 것이 분명하다고 장주는 생각했다. 쌈닭의 말로가 어떤가. 목덜미에 난 상처에서 피가 흐르고, 그 피딱지가 굳어 생채기가 될 것이고, 그 생채기가 채 아물기도 전에 또 다른 상대에게 목이 물려 눈을 희번덕하게 뜨고 죽어 갈 것이다. 그것을 생각하면 장주는 한없이 우울했다.

'못난 놈들은 몸 바쳐 이익을 추구하고, 학자 놈들은 명예에 몸을 바치지. 정치꾼들은 자기가 다스리면 다 제 세상이다 싶은 게지. 자네는 학자에다 정치꾼이 될 것이니 더 크게 몸을 팔겠군. 그게 다 한가지야. 몸 파는 장사꾼이 되는 거야. 내 몸뚱이를, 내 정신을 밑바닥까지 벅벅 긁어서 다 퍼 담아 팔아 버리고 말지.[4] 그리고 맛난 것 먹어 똥으로 다 싸 버리고, 비싼 옷 입어 다 걸레 만들고, 남의 야윈 등짝 밟고 일어서고 남의 목 뒷덜미에 업혀 다니면서 제 잘나서 구두에 흙 안 묻히고 산다고 생각하지. 나중에 자기 자신에게 남는 것이 무엇인가. 기름뿐인 몸뚱아리에 걷지 못하는 발뿐이지. 세상은 그가 숨 쉰 것만큼 더러워지고 그가 떠든 만큼 시끄러워지는 거야. 세상에 무슨 일을 한다고 나설 때, 반드시 자기를 내세우기 십상이지. 그런 인간들은, 내가 옳은 거, 내가 하고 싶은 거 하면서 결국 자기 살기 편한 곳을 만들려고 하지. 그런 인간들이 들끓는 세상은 더욱 강퍅한 곳으로 변할 것이고, 결국 그 인간 스스로도 망가져 갈 뿐이야.

헛것을 위해 목숨 바쳐 고생만 하는 셈이라고…….'

장주는 정치판으로 친구 하나를 잃는다 싶어 감정이 금세 격해졌으나 속으로만 외칠 뿐이었다. 입으로 내뱉지 않는 것은 얀춥이 옆에 있어서도 그랬거니와, 지금 당장은 아무리 말려도 혜시의 가슴에 든 바람이 빠지지 않을 것이 분명했기 때문이었다.

"혜시. 자네 뜻은 알겠는데, 힘에 벅찰 정도로 애쓰지는 말아. 덧없는 걸 너무 힘들여 쥐고 있지도 말고……."

"친구라는 사람이 남의 앞길에 초를 치누먼. 내가 세상에 막 나서는 애송이인 줄 아는가. 내가 뭘 이루는지 어디 두고 보라고."

친구가 자신의 역량을 너무 못 알아준다 싶어 은근히 심사가 뒤틀린 혜시가 장주의 옆구리를 쿡 찔렀다. 그래도 바깥에 나가면 제법 왁자한 대학 교수요, 유명 인사 아닌가.

장주는 고개를 들어 혜시의 넓은 가슴팍께를 올려다보았다. 그 자신만만한 혜시의 얼굴을 쳐다보기가 어쩐지 민망하고, 그가 한껏 바람을 넣어 부풀린 가슴팍을 쳐다보는 것만으로도 마음이 짠했다.

혜시는 역시 장주가 아는 것보다는 더 강할지도 모르고, 잘 버텨낼지도 모르고, 더 많은 걸 이룰지도 모르고, 그러고서도 전혀 다치지 않을지도 모른다. 그렇다면 자신이 공연히 궁상떨고 있는 것이다. 장주는 애써 마음을 가볍게 먹기로 했다.

혜시가 서둘러 떠난 다음 바람이 한 자락 바닥에 깔리는가 싶더니

다시 가는 빗방울이 떨어지기 시작했다. 얀촙이 장주에게 그만 들어가자고 권했다.

"왜 모처럼 시원한데 들어가자고 그래? 얀촙, 추워?"

얀촙이 고개를 저으며 웃었다. 언젠가 얀촙은 한국의 더위와 추위가 별것 아니게 느껴진다고 말했다. 자기네 고향의 더위는 여기보다 몇 배 더 덥고, 추위 역시 몇 배 더 하다고 했다. 그러니 불과 몇 도 안에서 오르락내리락하는 더위나 추위쯤은 그냥 무디게 지나칠 수 있다고 했다. 그들 눈에는 더워 곧 죽을 것처럼 말하다가 금세 춥다고 엄살떠는 우리들이 이해되지 않을 수도 있었다.

"사람들은 제 돈을 써 가며 약해져 가고 있어. 입에 단것만 찾다 보면 음식의 진짜 맛을 잃어버리고, 귀에 좋은 소리만 찾다 보면 진짜 좋은 음악을 못 듣게 되는 거야. 몸 편한 것만 찾다 보면 끝도 없어. 어제는 그 정도로 좋았는데, 오늘은 그것 갖고는 안 되지. 욕심과 욕망을 채우다 보면 결국엔 그 어떤 것에도 만족하지 못하는 진짜 가난뱅이가 되고 말아. 욕심과 욕망의 대상은 사실 허상이야, 순 가짜라고. 가짜를 붙잡고 악다구니를 쓰며 사는 거야……."

장주가 한숨을 내쉬며 중얼거렸다. 얀촙은 그저 고개만 끄덕였다. 그의 앞이마에 내려온 곱슬머리가 그네를 타듯 흔들렸다.

멀리서 미처 비를 다 뿌리지 못한 비구름이 가르랑가르랑 낮은 소리를 냈다.

4. '혜시의 쓸모' 원문 풀이

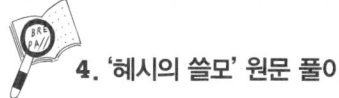

[1] 惠子謂莊子曰 魏王貽我大瓠之種 我樹之成而實五石 以盛水漿 其堅不能自擧也 剖之以爲瓢 則瓠落無所容 非不呺然大也 吾爲其無用而掊之. 『장자』, 「逍遙遊」

혜자가 장자에게 말했다. "위왕이 내게 큰 박씨를 주기에 내가 그것을 심었더니, 자라서 다섯 석들이의 열매가 달렸다. 거기다 마실 물을 담으면 무거워서 들 수가 없다. 그래서 그것을 칼로 갈라 표주박을 만들었더니 얕고 평평해서 무엇을 담을 수가 없었다. 공연히 크기만 한지라 나는 그것을 소용없다 여겨 부숴 버렸다네."

[2] 今子有五石之瓠 何不慮以爲大樽而浮乎江湖 而憂其瓠落無所容 則夫子猶有蓬之心也夫. 『장자』, 「逍遙遊」

"…… 이제 자네에게 다섯 석들이 되는 박이 있다면, 어찌 그것으로 큰 술통을 만들어 강과 호수를 떠다닐 생각을 하지 않고, 그것이 얕고 평평해서 아무 것도 담을 수 없다고만 걱정하는가? 자네는 자잘하게 꼬인 마음을 갖고 있군." (혜자의 위의 질문에 대한 답으로 장자가 한 말이다.)

[3] 有大樹 患其無用 何不樹之於無何有之鄕廣莫之野 彷徨乎無爲其側 逍遙乎寢臥其下 不夭斤斧 物無害者 無所可用 安所困苦哉. 『장자』, 「逍遙遊」

"……어떤 큰 나무가 있는데 그 나무가 쓸모없을까봐 걱정이라면, 그것을 '아무 것도 있는 것이 없는 마을', 끝없이 펼쳐진 넓디넓은 들판에 심어놓고 그 곁에서 이리저리 거닐면서 한가롭게 지내다가 그 아래에서 유유자적하게 낮잠이라도 자지 그러는가? (이 큰 나무는) 도끼에 잘리지도 않고 해칠 자도 없을 것이니, 쓸모없다고 해서 어찌 괴롭겠는가?"

[4] 故嘗試論之 自三代以下者 天下莫不以物易性矣 小人則以身殉利 士則以身殉名 大夫則以身殉家 聖人則以身殉天下 故此數子者 事業不同 名聲異號 其於傷性以身爲殉 一也. 『장자』, 「騈拇」

한번 말해 보겠다. 삼대 이후로 천하 사람들이 외물(外物: 제 몸 아닌 바깥 것들, 곧 이어 말하는 이익, 명예, 집안, 세상 등)로 자기 본성을 바꾸지 않은 이가 없었다. 소인은 자기 몸을 이익에 바쳤고, 선비는 자기 몸을 명예에 바쳤고, 대부는 자기 몸을 가문에 바쳤고, 성인은 자기 몸을 천하에 바쳤다. 그 때문에 이 여러 사람들의 사업이 저마다 다르고 명성도 저마다 달리 일컬어지지만, 자기 본성을 해쳐서 자기 몸을 죽음에 이르게 한 것은 마찬가지이다.

큰 이야기들

5

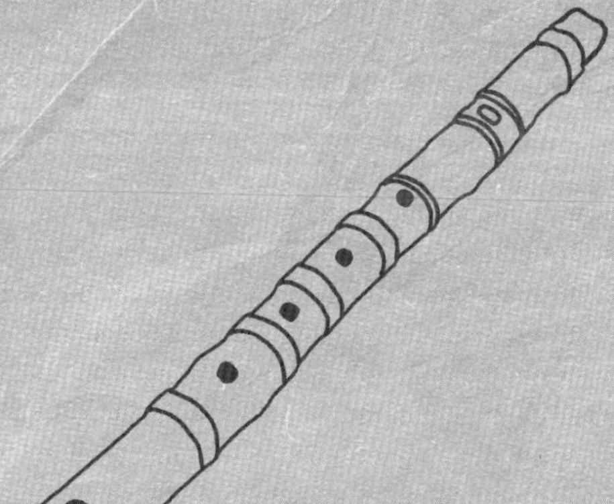

"사람들을 모아 놓고 어디로 내뺀 거야? 바빠 죽겠구먼."

맹자가 허리를 두드리며 내뱉었다. 옆에서 거들던 공자도 허리를 펴고 주위를 둘러보았다. 여남은 되는 식구들이 모두 잰걸음으로 바삐 돌아가고 있었다. 추석 잔치 준비가 한창인 것이다.

모처럼 청명한 초가을 날씨였다. 멀리 산굽이마다 잣나무 숲에서는 어젯밤 내린 비가 옅은 구름이 되어 흩어져 오르고 있었다. 공자는 그 흐릿한 골짝 어디쯤에선가 장주가 휘적휘적 내려오고 있을 것이라고 생각했다.

"거, 화장실 좀 빨리 들여다보고!"

"이봐, 거기 양주야, 놀고만 있지 말고 돼지고기 익어 가나 확인 좀 해."

"장국 간 좀 보고…… 아니, 다시마는 버리지 말고……. 웃고명으로 얹을 거라니까."

"솔잎 씻으러 간 사람들은 왜 여태 안 오는 거야?"

맹자는 성질 괄괄한 주모처럼 이 사람 저 사람에게 지시를 내리느라 분주했다. 그에 따라 공자의 손도 빨라졌다. 손을 재게 놀리지 않으면 오랜 친구고 뭐고 따지지 않고 어린아이 야단치듯 하는 맹자의 호통을 들어야 하는 것이다. 좀 전에만 해도 음식 재료가 정갈하게 다듬어졌는지 아닌지 찬찬히 살피다가 가련한 등짝에 맹자의 두툼한 손바닥 후려치기를 당하지 않았던가. 그렇게 깔끔 떠는 건 방부제 처리한 수입 농산물 먹을 때나 하는 짓이라면서, 벌레가 굼실굼실 기어가는 배춧잎을 툭 털어서 자각자각 씹어 먹는 맹자를 보고 공자는 기가 팍 죽었다.

"장주 아저씬 어디 가셨대요?"

얀춥이 맹자의 눈치를 슬슬 보면서 공자에게 물었다. 처음부터 장주가 안 보이는 게 좀 걱정이 되는 눈치였다.

"글쎄…… 어디 근처에 있겠지, 뭐."

공자는 자신 없는 목소리로 대답하며 주변을 둘러보았다.

경기도와 강원도의 경계선에 위치한 산음 분교의 운동장은 꽤 넓었다. 실제 면적이 상당한 것은 아니되, 그리 높지 않은 산언덕과 몇 개 안 되는 교실 건물 앞에 훤하게 놓인 덕에 실제보다 훨씬 넓어 보였다. 그러나 아이들의 발걸음이 사라진 지 오랜 운동장은 군데군데 우묵한 곳에 푸른 이끼가 끼었고, 굵고 거친 돌부리들 틈새로는 잡초들이 무성해서 운동장이라는 이름이 무색했다.

이곳은 오래전에 폐교가 된 시골 학교 분교인데, 도교육청으로부터 장기 임대를 받아 천연 염색이나 목공예, 도자기 등의 미술 체험 활동을 하는 학습장으로 써 왔다고 한다. 그런데 임대받은 사람이 갑자기 떠날 사정이 생기는 바람에 알음알음으로 어찌어찌해서 장주가 잠깐 머물게 되었다고 한다. 장주로서는 채소 농사도 거의 끝나고 팔까지 다쳐 심심하던 차에 마침 잘된 놀이터였다.

그렇잖아도 그렇게 조심하라고 일러도 아랑곳하지 않고 여기저기 쏘다니던 장주는 벌써 몇 번을 산골짜기에서 굴렀다고 했다. 그 소식을 들은 이는 모두들, 아마도 장주의 부서진 팔은 영영 아물지 않고 그대로 으스러져 버릴 것이라고 입을 모았다.

애초에는 그렇게 천방지축 날뛰는 장주가 걱정도 되고 혼자 심심해할 것도 같아서, 추석을 맞아 위문 겸 놀이 겸 몇몇이서 모이자고 했다. 맹자네 주점이나 공자의 발명연구소 식구들은 워낙 자주 모여 놀이를 나갔던 터라 소박한 잔치 준비에는 이골이 난 터였지만, 이번에는 얀츕의 이주 노동자 친구들까지 여남은 명이 같이 모이면서 판이 커졌다. 그들 중에 특별히 요리에 재간이 뛰어난 친구가 있었는데, 그가 티베트나 네팔의 전통 요리 몇 가지를 장만하기로 했던 것이다.

운동장 마당에는 교실에서 내온 낡은 나무 책상이며 걸상이 죽 놓이고, 수돗가에는 대형 솥이 여럿 걸렸다. 솥마다 돼지고기를 삶는다, 국수장국 물을 끓인다 하여 허연 김이 구름처럼 피어올랐다. 앞치마를 두르고 있는 이들은 맹자와 그의 친구인 공자와 묵적, 맹자네 주점 일을 거드는 얀츕, 그리고 공자네 발명연구소 일꾼인 규와 환 등이었다. 그들은 저마다 이리저리 뛰어다니며 부지런히 음식 장만을 하고 있었다.

녹슨 축구 골대 근처에서는 맹자의 딸 호연과 수양아들 백우가 풍선을 갖고 놀다가 맹자에게 불호령을 듣고는 맹렬한 속도로 책상 위를 걸레질하는데, 그것도 그들에게는 놀이이지 싶었다. 맹자는 혀를 찼고, 공자는 흐뭇한 미소를 지었다.

한 구석에서는 역시 맹자와 공자의 친구인 양주만이 비뚜름하게 앉아서 졸고 있었다. 그는 김치를 썰다가 먹다가 하느라고 입가가 벌게진 묵적 옆에서, 돼지고기 삶는 솥을 열어 보는 둥 마는 둥 하고는 이내 피곤하다며 쉴 자리를 찾은 참이었다. 온기를 품은 가느다란 가을 햇살이 그의 무성한 반 곱슬머리 위로 쏟아져 내렸다. 워낙 몸을 고단하게 놀려 일하는 성품이 아닌 것을 아는 맹자는 못마땅한 얼굴로 흘깃 쳐다볼 뿐 더 이상 채근하지 않았다.

일찌감치 서두른 덕에 잔치 준비는 거의 다 되어갔다. 이제 얀츕의 친구들만 오면 곧 잔치를 시작할 판인데, 정작 주인공이다 싶은 장주가 나타나지 않고 있는 것이다. 아침에 맹자와 통화할 때는 산에 잠깐 다녀온다고, 시간 맞춰 내려와 기다리고 있겠노라고 해 놓고는 코빼기도 안 비칠 뿐더러 연락마저 되지 않았다.

“기다리지 말고 놔둬. 장주가 언제 시간 맞춰 다니는 인간이야?”

“맞아요. 시간 잘 맞추면 장주 아저씨가 아니시죠.”

맹자가 돼지고기를 섬뻑섬뻑 썰며 푸념하자 옆에 있던 호연이 거들었다. 그때 식기를 준비하던 얀춥이 길 쪽을 내려다보더니 손짓을 하며 활짝 웃었다. 맹자가 단박에 물었다.

"장주냐?"

"기다리지 말라더니 더 기다리시나 보네?"

호연이 쿡쿡 웃었다.

멀리 낙엽송 숲 옆길로 봉고차가 한 대 올라오고 있었다. 얀춥네 친구들이었다. 얀춥은 손을 흔들며 구르듯 뛰어 내려갔다.

얀춥의 친구인 라쥬와 람이 먼저 차에서 내리면서 반갑게 인사를 했다. 이어 시따, 끼런, 디빠, 게섭, 롭상, 다와가 저마다 음식이 담긴 통을 들고 차례로 내렸다. 백우가 달려가 라쥬와 복잡한 악수를 하며 반겼다. 손등을 두 번 스치고, 한 손가락의 끝을 맞추고, 팔꿈치를 스치고, 이어 어깻죽지까지 감싸 안으며 하는 그 복잡한 악수는 라쥬와 백우 간의 은밀한 결계 같은 것이었다. 고향에 백우 같은 막내 동생이 있다는 라쥬는, 항상 상대가 듣든 말든 계속되는 백우의 지루한 이야기를 귀 기울여 들어 주기도 하고, 백우를 꼬여서 뜀박질도 시키곤 했다. 그래서 사람들과 소통에 문제가 좀 있는 백우도 라쥬를 대할 때만큼은 멀쩡하게 잘 어울렸다.

대개의 사람들은 맹자의 호통이 무서워, 상대가 어떻든 자기가 알고 있는 모든 것을 끝없이 이야기해 대는 백우의 이야기를 들어 주는 척했다. 그도 아니면 남의 이야기를 잘 들어 주는 사람이라는 소리가 듣고 싶어서 건성으로 맞장구를 쳐 주는 이도 있었다. 그런데 신기한 것은 백우도 그것을 느낀다는 것이었다. 아무리 친절하게 맞장구를 쳐 주고 귀 기울여 줘도 백우는 다음에 대할 때는 마치 그를 처음 본 사람처럼 대했다. 대신 라쥬와 장주, 호연에게만큼은 예의 그 복잡한 악수라든가 특별한 미소라든가 하는 것으로 달리 대함으로써 마음을 주고받는 티를 냈다.

맹자는 그것을 보면서 아마도 그들의 뇌 속에는 일반 사람들하고는 다른 문법의 소통 체계가 있다고 생각했다. 장주는 그 능력에 대해, 누구나 그걸 타고났으나 이익과 형식에 매여 살다 보니 퇴화되어 못쓰게 된 것이라고 말하곤 했다. 공자는 그걸 듣고서 싱긋 웃으며 진심의 힘이 남달리 강한 족속들이 있는 걸 믿어야 한다고 말했다. 우리 중 누가 그 족속에 속하느냐고 맹자가 물었을 때 공자는 대답 대신 계속 웃기만 했다.

얀촙의 친구들은 가져온 음식들을 차리기 시작했다. 코코넛 같은 견과류를 섞어 볶은 별미 밥인 뿔라우와, 밀 빵인 로티, 열매를 걸쭉하게 끓인 달(dhal), 각종 볶음 요리인 떨까리 등이 푸짐했다. 백우가 떨까리를 한 입 먹어 보더니 맛있다면서 엄지손가락을 치켜 올렸다. 살집이 넉넉한 라쥬가 싱긋 웃었다.

"어, 누가 또 오네? 혜시 아저씨가 오시는가?"

호연이 길 아래쪽을 손가락질하며 물었다. 지프차가 한 대 소리를 내며 언덕길을 올라오고 있었다.

"혜시는 요새 정치판에서 한창 핏대 올리느라 정신없을 텐데…… 장주가 불렀나?"

맹자가 눈을 가늘게 뜨고 내려다보며 말했다.

그러나 분교 입구에 멈춘 차에서는 혜시 대신 젊은 남녀가 내렸다.

"어찌 오셨소?"

공자가 묻는데, 뒤이어 체격이 날렵한 남자가 차에서 내리면서 손을 흔들었다. 그의 귀걸이가 햇빛을 받아 반짝거렸다. 맹자가 손을 번쩍 쳐들며 반겼다.

"아니, 김민수 기자가 웬일이야, 어떻게 알고?"

한결신문의 김민수 기자는 맹자네 식당의 충실한 단골이었다. 처음엔 맹자네 식당에서 가끔 벌어지는 심야의 무박이일 정치 토론이라든가, 그보다 조금 더 자주 벌어지는 난장에 가까운 저비용 문화 공연을 취재하러 다니다가 이제는 아예 골수 단골로 등록한 이였다. 들리는 소문에 따르면 맹자가 그의 재주를 아껴 거의 공짜로 밥 먹여 주고 재워 주고 한다고 했다. 또 다른 소문은 처음에는 그를 호연이의 짝으로도 저울질하고 있었다는데, 애석하게도 김 기자는 여자에게는 관심이 없다고들 했다. 그러고 보니 같이 온 일행도 전혀 낯선 인물은 아니었다.

"아, 어쩐지 낯이 좀 익은 듯하다 싶더니만, 우리 식당에 한두 번 오셨었지? 그나저나 김 기자, 웬일이야? 출장 갔다고 해서 미처 못 불렀는데……."

맹자가 그의 출동을 궁금해하며 묻자 김민수 기자가 주위를 둘러보며 대답했다.

"느닷없이 며칠 전에 장주 님께서 전화를 하셨더라고요. 깜짝 놀랄 만한 엄청난 일을 발표하신다면서, 특종을 줄 테니 꼭 오라고요."

"특종……? 에끼, 이 사람. 장주의 말을 믿었나?"

맹자가 딱해하며 묻자 김 기자가 실실 웃으며 대답했다.

"에이, 장주 님 말씀이라 반은 속는 셈치고 동료들과 가을바람이라도 쐴 겸해서 오는 길이지요."

"또 무슨 헛소리를 떠벌이려고 이 깊은 골짜기까지 사람을 불렀을까나?"

맹자가 영문을 모르겠다는 듯 머리를 긁적였다.

"그보다는 대체 장주가 어디 있는지부터……."

공자가 앞산 허리를 휘휘 둘러보았다.

"금방 오겠지, 뭐. 그렇게까지 사람을 불렀으면 곧 올 거야. 자, 우리는 어서 잔칫상이나 마저 차리자고."

맹자의 손짓에 다들 제자리로 바삐 돌아갔다.

일손이 많아지니 상 차리는 일은 순식간에 가뿐히 끝났다. 한쪽에는 큼직큼직하고 먹음직스럽게 썬 돼지고기 수육이 수북했고, 시큼한 묵은지며 겉절이 김치가 군데군데 놓였다. 그 옆에서는 장국이 펄펄

끓었다. 그 사이사이에 네팔 음식들이 독특한 향내를 풍겼다.

막걸리 동이도 시원한 물속에 반쯤 잠겨 있었는데, 정작 아까부터 공자가 입맛을 다시며 힐끔거리는 것은 얀츕의 친구들이 공들여 만들어 왔다는 술 두 동이였다. 한 동이는 쌀 막걸리 비슷한 창이라는 술이고, 한 동이는 소주 비슷한 럭시라는 술이었다.

차려진 상을 쭉 둘러보던 맹자가 소리쳤다.

"안 되겠다. 누가 나서서 장주 좀 잡아 와라!"

공자가 고개를 흔들었다.

"어느 골짜기에 처박혔는지 어찌 알고 찾으러 가. 제 발로 오게 해야지."

"제 발로요?"

호연이 물었다.

"그러게……. 그럼, 우리가 다 같이 불러 보면 어떨까?"

"아, 우리 소풍 갔을 때 '이 학년 육 반, 모여라!' 하고 소리치던 것처럼요? 재밌겠다."

공자의 제안에 호연이 깔깔거렸다.

호연이 모두를 불러 모았다. 다들 킬킬거리면서 손나발을 만들어 일제히 소리쳤다.

"장주, 나와라! 장주, 나와라!"

얼마를 소리치고 나서 산을 둘러보았으나 산에서는 아무런 대답도 들려오지 않았다.

맹자가 고개를 갸우뚱거렸다.

“그거 참 이상하네. 이렇게 떠들썩 소리 나고 냄새 풍기면 우리가 온 걸 알고서 진작 내려왔어야 하는데…… 혹시?”

공자가 재빨리 맹자의 눈빛을 읽었다.

“혹시라니?”

“혹시…….”

맹자의 표정이 어두워졌다.

“혹시, 뭐 뭐지요?”

김 기자가 지레 놀라 더듬거렸다.

“팔도 불편하고 하니까 혹시 어느 비탈에서 굴러서 혼절해 있는 거 아냐?”

“라, 라! 어떡해요! 빨리 찾아 봐요!”

얀춥이 맹자의 말에 네팔식 비명을 질렀다. 얀춥은 파랗게 질린 얼굴로 당장 수색에 나설 기세로 앞치마를 끌렀다.

“그래, 그럴 리는 없겠지만, 혹시 사람 일은 모르는 거니까 찾아 보는 것도 괜찮겠어. 우선은 몇몇이서 학교 뒷길로 좀 올라가며 찾아 보도록 하지.”

침착하던 공자까지 거들고 나섰다. 일단은 공자 말대로 몇이서 가까운 뒷길로 수색에 나서기로 하고, 우선 공자의 발명연구소 젊은이 규와 환, 이어 김 기자와 그의 동료 손 기자가 함께 가기로 했다. 묵적이 등산용 지팡이를 들고 따라나서자, 맹자와 얀춥은 물통이며 수건, 노끈 등을 챙겨 주었다.

수색대가 거창하게 손을 흔들며 떠나는데, 백우가 운동장 한가운데 서서 물끄러미 하늘을 올려다보고 있었다. 솔개 한 마리가 하늘 높이 날개를 펴고 크게 동그라미를 그리고 있었다. 모두 오랜만에 보는 솔개였다. 호연이가 백우를 쳐다봤다. 백우의 눈동자 속에 앉은 까만 눈부처 옆에도 솔개가 날고 있었다.

어설픈 수색대는 좁은 산길로 들어서자 자꾸만 미끄러졌다. 간밤에 온 비로 땅이 좀 젖어 있었던 것이다. 숲은, 여름 내내 가멸차게 가지를 뻗은 칡넝쿨이 여기저기 나무 군락을 뒤덮고 있는가 하면, 상수리나무와 소나무 군락이 밀고 밀리는 경계 싸움을 하고 있기도 했다. 철늦은 산개구리가 덤불 속에서 놀라 튀었다. 하루살이 떼가 일행을 가로막는 길목에는 으레 쓰레기 더미가 흉측하게 썩고 있었다.

"그런데, 이거 좀 무모한 일을 하고 있는 건 아닌지 모르겠습니다. 이 큰 산에서, 하필 이 길에 장주님이 계신다고 어찌 알겠습니까. 그냥 기다리는 편이 나았을지도 모른다는 생각이 아까부터 드는데……."

규가 말끝을 흐렸다.

"잠깐 산에 다녀오려고 갔다면 분명 학교 뒷길인 이 길밖에 없지. 조금만 찾아보고 아니다 싶으면 얼른 내려가자고."

앞에서 성큼성큼 발길을 떼던 묵적이 말했다. 지팡이를 든 그의 발걸음은 얼마나 가벼운지, 마치 젊은이들을 약 올리는 듯했다.

이른 낙엽이 깔린 가파른 계곡을 지나면서는 묵적을 제외한 나머지 일행의 숨소리가 거칠어졌다. 얼마를 올라갔을까, 누군가가 소리쳤다.

"어랏?! 저기 누가 있는데요?"

손 기자 목소리였다. 모자를 벗어 땀을 훔치던 손 기자는 묵적의 소매를 잡아끌며 소리쳤다. 손 기자의 손가락 끝을 따라 일행이 바라본 곳에 과연 누군가가 있었다.

볕이 잘 드는 너럭바위 위에 비스듬히 팔을 베고 편안히 누워 있는 이……, 바로 장주였다. 혹시나 했지만 아무리 봐도 그가 기절한 것처럼 보이지는 않았다. 수색대는 자기네 임무가 너무 시시하게 끝나고 만 것 같아 섭섭한 느낌까지 들었다.

"장주 니임~!"

환이 손나발을 하고 외쳤다. 장주는 미동도 없었다. 두 번째 부르자 한쪽 눈을 번쩍 떴다. 일행은 안도했지만 한편 어이가 없었다. 규가 휴대 전화로 운동장에 있는 사람들에게 장주가 무사하다는 것을 알렸다.

장주가 느릿느릿 일어나 앉자 김 기자가 항의했다.

"뭡니까, 장주 님. 다들 불러 놓고 예서 주무시다니요. 아까부터 저 밑 운동장에서 목 놓아 외치는 소리, 못 들으셨어요?"

장주는 아직 잠이 덜 깬 듯 작은 눈을 끔뻑거렸다.

묵적이 지팡이로 장주의 발바닥을 툭툭 치며 말했다.

"이렇게 여러 사람을 고생시키면 어찌하누?"

장주가 살래살래 손을 흔들었다.

"가만있어 봐. 가만 좀 있으라니까."

"왜 그러는데? 아직 잠이 덜 깼나?"

묵적이 물통 뚜껑을 열어 내밀며 물었다. 장주가 물통은 외면한 채 한 손바닥을 자신의 귀 옆에 갖다 댔다.

"나는 여기서 엄청나게 큰 소리를 듣고 있었어."

"저희가 부르는 소리가 그렇게 크게 들렸어요?"

김 기자가 놀라 물었다. 손 기자가 골짜기를 둘러보며 아는 체를 했다.

"이 골짜기는 소리가 증폭되는 구조라……."

장주가 고개를 흔들었다.

"아니, 그게 아니라, 더 큰 소리, 더, 더 큰 소리를 들었다니까."

"그럼, 어디서 마른 천둥소리라도 난 게지."

묵적이 퉁명스레 대꾸했다. 그러나 장주는 멍하니 먼 데를 쳐다봤다.

"자네들, 그 큰 소리에 대해 한번 들어 보려나? 내가 시험 삼아 말해 주지."

"그보다는 우선 내려가기부터……."

김 기자가 급히 장주를 말리려 들었다. 그러나 장주는 아랑곳하지 않고 미소까지 띠며 노래하듯 긴 얘기를 시작했다.

"내가 아까부터 여기 앉아 있으려니 처음에는 새소리, 풀잎 소리, 나뭇잎 소리가 들려오더군. 조금 더 귀를 여니까 수없이 많은 풀벌레 소리가 나겠지. 조금 더 귀를 여니까 땅 밑을 파는 땅강아지며 개미 소리, 풀 위를 기는 벌레 소리, 나무를 타고 오르는 사슴벌레며 풍뎅이 소리, 졸참나무 속살을 파먹는 나무하늘소 애벌레 소리가 들려오더군. 그쯤 되니까 이거 온갖 소리가 사방에서 귀를 간질여 못 살겠는 거야. 그래서 귀를 손으로 막고 한참을 있다가 귀를 살며시 여니까 이번에는 귓바퀴 뒤로 밀려나 있던, 웅웅웅 하는 큰 소리가 귀를 꽉 채워 오지 않겠어? 이건 또 무슨 소리인고? 무슨 소리가 이렇게 다른 모든 소리를 밀어내고 꽉 차오르는고, 궁금하잖겠어? 그래서 가만 듣고 있으려니, …… 아니 내가 가만히 듣고 싶어서 가만히 있었던 게 아니라 그 소리가 너무 커서 내 몸을 무겁게 꽉 채웠거든. 그래서 가만히 있을 수밖에 없었지……. 그렇게 들으면서 가만히 있다 보니, 아하, 그제야 알겠더라고. 무슨 소린지 알겠더라고."

"아실 것 같았다고요?"

장주의 말을 듣고 있던 손 기자가 자신의 귀에도 소리가 포착될까 싶어 눈을 끔벅이며 물었다. 손 기자뿐이 아니었다. 서둘러 내려가자던 수색대는, 묵적만 빼고는 그새 장주의 말에 솔깃해 있었다. 다만 밑에서 기다리고 있는 사람들 생각에 애가 탄 묵적은 장주의 말이 귀에 들어올 리 없었다. 게다가 장주의 뜬구름 같은 이야기들은 이미 많이 들어 왔던 터이기도 했다.

"무슨 소리였는데요? 혹시 바람 소리 아니었을까요?"

"기압 차로 귀가 자극을 받은 건 아닐까요?"

규와 환이 차례로 물었다. 장주가 씩 웃었다.

"그건 이 땅덩이가 도는 소리, 지구가 자전하는 소리였어. 허공을 가르며 휙휙 도는……."

"네에~?!"

젊은이들은 일제히 속았다! 하는 표정을 지었다. 묵적은 더 이상 들을 것이 없다는 듯이 지팡이로 땅바닥을 쿡쿡 찌르며 어서 내려가자고 재촉했다.

장주는 꿈적도 않고 다시 이야기를 이어 갔다.

"내 그 소리를 한참 듣다 보니 아, 소리에 대해 알겠다 싶었어. 이제 내가 알게 된 것을 또 시험 삼아 말해 보지. 자네들은 아마 사람(人)이 연주하는 퉁소 소리는 들었어도 아직 땅(地)의 퉁소 소리는 듣지 못했겠지. 혹시나 땅의 퉁소 소리는 들었을지 몰라도 아직 하늘(天)의 퉁소 소리는 듣지 못했을 것이고……."

장주의 느릿한 이야기에 맞춰 일행은 슬금슬금 엉덩이를 내려놓았다. 그것도 산행이라고 잠깐 동안의 등산에 다리쉼도 해야 할 것 같았고, 장주의 이야기는 짧게 끝나는 법이 거의 없다는 걸 알기 때문이기도 했다. 묵적만이 산 밑을 내려다보며 툴툴거렸지만, 장주의 이야기는 맘 놓고 길게 이어질 기세였다.

"자, 이제 소리를 타는 거야. 소리를 타고 훨훨 나는 거야. 내 일러 줄 테니 들어 보라고……. 대지가 숨을 내쉬면 그것을 바람이라고 하지. 바람이 일어나지 않으면 그만이지만 일단 일어나려고 하면 온 대지의 구멍마다 소리를 내겠지. 저 험준하고 깊은 숲 속에 둘레가 백 아름이나 넘는 큰 나무 구멍이 있어. 어떤 것은 콧구멍 같고, 입 같고, 귀 같고, 대들보 같고, 나무 그릇 같고, 절구통 같고, 깊고 얕은 웅덩이 같고 그렇거든. 그런데 또 거기서 나는 바람 소리는 사나운 물소리, 높이 나는 화살 소리, 크게 꾸짖는 소리, '헉헉' 들이마시는 것 같은 소리, 외치는 소리, 볼멘 듯한 소리, 웃는 듯한 소리, 귀여운 소리야. 앞에서 바람이 웅웅 불어 대면 뒤의 바람이 따라서 윙윙 소리를 내지. 산들바람이 불면 가볍게 화답하고 거센 회오리바람이 불면 크게 화답하는데, 매서운 바람이 그쳐 버리면 곧 모든 구멍들이 텅 비어서 조용해지는 거야……."[1]

"그게 땅 소리라 이 말씀이지요?"

김 기자가 마치 온갖 소리를 찾기라도 할 듯이 눈을 굴려 숲 속을 탐색하며 물었다.

"그렇지. 땅이 부는 온갖 통소 소리라 이거야."

"그럼 사람 통소 소리는 사람이 내는 소리겠군요?"

이번에는 환이 물었다. 이야기가 길어질 것 같자 잔뜩 짜증이 난 묵적은 산 밑에서 기다리는 사람들을 위해 "여어~!" 하고 소리치며 손을 흔들었다. 그러나 산 밑의 사람들이 들릴 정도의 소리는 아니었고, 그저 장주를 재촉하는 시늉으로 그리 한 것이었다.

장주가 그런 묵적을 흘깃 보며 말했다.

"저기 호리호리한 퉁소가 소리치고 있구먼. 저게 바로 사람 퉁소 소리야. 온갖 웃음과 울음, 노래와 시와 욕과 사기 치는 말들이 다 사람 목울대를 울려서 나는 소리지."

"그래, 여기 앉아서 온갖 퉁소 소리 연주회를 지휘라도 하고 있었나 본데, 조금 더 있다가는 고래고래 고함치는 맹자의 퉁소 소리를 듣게 될 걸세."

묵적이 심술 난 듯 지팡이로 장주의 벗겨진 신발코를 툭툭 쳤다.

"지휘 같은 소리 하고 앉았네. 그 소리는 저절로 일어나는 거야. 누가 시켜서 나는 게 아니지. 그저 대지의 숨결이 휙 지나가다 보니 소리가 난 것뿐이야. 가느다란 통을 지나면 간드러지는 높은 소리, 굵은 통을 지나면 암울한 낮은 소리……. 모든 건 다 자기 구멍만큼 소리 내지만, 결국 바람이 지나가는 소리라는 점은 한가지야. 바람이 구멍을 지나다 보니 그 울림통만한 소리가 나더라 이거지……."

장주가 갑자기 말을 끊고 김 기자를 쳐다봤다. 김 기자는 손부채질을 하려다 말고 머쓱해했다.

"자넨 속으로, 그러면 소리 나게 하는 것은 바람이구나, 이렇게 생각했지?"

김 기자는 뭔가를 대답하려다 입을 다물어 버렸다. 장주가 이미 미리 답을 마련한 질문일 게 뻔했기 때문이었다.

"바람이 움직여 구멍을 통과해야 소리가 되는데, 그렇다고 누군가가 있어 바람을 움직이게도 시키고, 멈추게도 시키는가? 그런 건 없어. 그저 대기의 자연스런 떨림이 있었고, 거기에서부터 바람이 시작되고 소리가 시작된 거라네."

장주가 흐흐 웃으며 둘러보았지만 누구도 알겠다는 표정을 짓는 이는 없었다.

장주가 옷을 털며 벌떡 일어섰다.

"그래, 내 말을 어떻게 다 알아듣겠나. 내가 무슨 말을 하고 있는지, 무슨 맘에서 그런 말을 하는지, 그걸 남이 어떻게 다 알겠나? 설사 누가 '그래, 네 말 잘 알았다.'고 한들 정말로 그가 내 말을 다 알아들었는지 아닌지 어찌 알겠나? 우리는 그저 저마다의 피리를 불고 있는 거야. 이렇게."

장주가 입을 오므리고 휘파람을 불었다. 연주 실력은 별 볼일 없었지만 누구도 그걸 탓하지 않았다. 다들 장주가 하고 있는, 알 듯 모를 듯한 말을 되새기고 있었다.

문득 휘파람을 멈춘 장주가 노래인지 장타령인지 주문인지 모를 소리를 흥얼흥얼 읊조리기 시작했다. 낮술도 먹지 않은 장주는, 그러나 이미 취해 보였다.

……바람은 구멍을 신 나게 통과해 나가면서 소리를 낸다.

구멍은 바람을 신 나게 통과해 나가면서 소리를 낸다.

어디서나 바람은 같지만 구멍은 저마다 달라서 세상엔 같은 소리 내는 바람이 없다네.

소리는 어디에서 오는가, 바람인가 구멍인가.

우리 귀에 들리는 소리는 온갖 구멍이 내는 온갖 소리.

온갖 구멍을 통과하는 바람의 한 자락.

구멍의 요지경을 버리면 바람 불기 전의 바람, 소리 나기 전의 소리를 들을 수 있을지니 그것이 우주 간에 꽉 찬 소리의 소리 없는 요동이라네…….

김 기자는 그것이 하늘 퉁소 소리(天籟)냐고 묻고 싶었지만 꾹 눌러 참았다. 들어 봤자 섬뻑 이해할 수 있을 것 같지 않기 때문이었다. 아니, 그보다는 도대체 장주는 지금 자신이 하는 말이 무슨 뜻인지 알고서 하는 건지, 그것부터가 궁금했다.

"제 몸뚱이 퉁소 소리 하나 제대로 못 내고 죽는 사람이 태반이여. 소리 없는 소리를 들어야 한다는 게 대체 무슨 소리야? 젊은이들 불러다 객쩍은 소리나 하려고 이 숲 속에 있었는가?"

묵적이 내뱉은 말에 다들 고개를 끄덕이는 것을 보고 장주가 피식 웃었다.

"큰 지혜(大知) 있는 자는 한가하고 너그럽지만, 작은 지혜(小知)만 있는 자는 사소한 일에 깝죽대며 따지지. 진짜 큰 말씀(大言)이란 담담해서 시시비비에 구애받지 않는 것이지만, 자잘한 말(小言)은 수다스럽기만 해. 인간은 자면서도 꿈속에서 싸우느라 쉴 틈이 없고, 깨어서도 사물에 번거롭게 얽혀서 날마다 마음속에서 싸우지…….[2] 이렇게 마음이, 욕망이, 감정이 뜯어내듯 들고일어나 한순간도 고요할 틈이 없어. 마치 구멍 속에서 소리가 뛰쳐나오고 음습한 것이 버섯을 키우는 것처럼 말이야. 그러니 그만둬야지. 통소 소리의 근본은 자고 있는 큰 바람에 있다는 걸 알면, 번잡한 통소 소리에 얽매이는 일은 그만둬야 하는 거야."

"자네 말이 썩 근사한 것 같기는 한데, 왜 사람들한테는 오히려 자네 말이 번잡하고 수다스러운 통소 소리로 들리는가 모르겠네."

묵적이 농담반 진담반으로 비아냥거렸다. 장주가 묵적을 흘깃 쳐다보더니 킬킬 웃었다.

"게다가 낡고 고장 난 통소지."

그 말에 다들 따라 웃어 젖혔다. 알쏭달쏭한 골치 아픈 문제를 웃음으로 날려 보내는 듯한 기분이 들기도 한 것이다.

일행은 산길을 내려오기 시작했다. 처음에는 팔에 깁스하고 있는 장주를 생각해서 천천히 걸었는데, 가만히 보니까 장주는 오히려 누구보다 더 날쌔 보였다. 산에 오를 때도 힘들어하던 손 기자만이 가끔 풀이나 나무뿌리를 밟고 비틀거렸다.

"올 겨울 칡뿌리는 실컷 씹겠네 그려."

장주가 그물처럼 나무들을 뒤덮고 있는 칡넝쿨을 쳐다보며 말했다. 묵적은 그 나무들을 애처로운 눈길로 쳐다봤다. 제 잎은 한 줌의 햇빛도 받지 못하고 머리에 온통 칡넝쿨을 뒤집어쓰고 있는 나무들이 안쓰럽기까지 했다.

"뭐든 너무 성하면 보기 싫지……. 기골이 장대한 사내가 억센 성질을 잔뜩 부려 놓은 것 같기도 하구먼……. 너무 성하면 보기 싫어. 곧 퇴락할 운명인 것처럼 느껴지고 말이야……."

다소 감상적이 된 묵적에게 장주가 또 핀잔을 주었다.

"하여간 자넨 마음이 너무 착해서 탈이야. 칡은 말이야, 한여름 잠깐 맘껏 뻗어 보는 거야. 그게 칡의 자연스러운 본성이야. 그리해야 칡이 살아남아 뿌리를 살찌우지. 자연을 보면서 누구 편을 드는 건 인간들의 착각이야. 자연에 어디 마음이란 게 있는가? 본디 자연은 마음이란 게 없어. 그냥 자신들 생존의 본능대로, 본능에 맡겨져서 사는 거야. 그게 자연이고 삶이지. 사람의 감정이 거기 개입할 일이 아니야."

묵적이 고개를 흔들었다.

"그렇게 마음이 냉정하면 세상 살아가는 데 편하든가? 자네 말은 들을 때는 시적(詩的)으로 느껴지는데, 듣고 나서 가만 생각해 보면 너무 차가워. 시적인 감흥, 따뜻한 마음, 이런 게 부족해. 그러니 시를 이해하지 못하는 거야."

"흐흐흐, 내가 얼마나 시적인데 그러는가? 내가 시를 한 수 읊어 줄까?"

장주는 갑자기 걸음을 멈추고 목소리를 다듬었다. 묵적이 그를 무시하고 앞서 나갔다. 장주가 손을 휘휘 내저어 쫓아가며 중얼거렸다.

"아, 자연의 생명은 생존과 번식을 위해 복무하는 것, 그게 삶의 유일한 이유이도다. 우리의 삶도 그것을 위해 복무하는 것. 아, 자연의 본성대로 살지니, 그것은 긴 생명줄에 복무했다가 다시 흩어지는 것……. 어때? 시적이지 않아? 아주 의미심장한 시잖아."

장주가 묵적의 등 뒤에다 대고 소리쳤다. 묵적이 어깨를 으쓱하며 퉁명스레 대꾸했다.

"그건 구호지, 시가 아니야."

"꼭 아름다워야 시가 되는가? 의미심장한 것도 시야."

장주가 좀 깐죽거렸다. 좀체 화를 내지 않는 묵적을 살살 긁어서 노여워하는 것을 보려고 그러는 것이었다.

"흥! 차라리 논문을 쓰시지 그래. 의미심장한 게 시라면 논문들만 한 게 또 있으려고. 아무튼, 나는 자기 생존과 번식만을 위해 산다는 건 싫어. 설사 그게 자연의 본성이라고 해도 그렇게 이기적인 건 난 싫어."

묵적이 드디어 뾰로통 화를 냈다. 장주가 빙긋이 웃더니 잰걸음으로 묵적을 따라가 그의 어깨를 감쌌다.

"어허, 이 사람. 생명의 본질이 이기적인 거라고 말할까 봐 단단히 화가 났구먼. 그게 아니지. 내가 말하는 건 결국 어떤 생명이든 목적은 똑같다는 거야. 그러니 서로 그 목적을 존중해 줘야 한다는 말이지. 누가 더 귀하고 덜하고가 있을 수 없는 거야. 자네 말처럼 서로 똑같이 사랑해야 하는 이유도 거기서 나온다고 할 수 있지. 어떻게 다른 것들의 존재 이유를 다 깔아뭉개 버리고 내 것만 귀하다고 하겠나. 그건 가능하지도 않지. 그러니 결국 서로서로 다 귀하게 여기고 사랑해 줘야 한다, 이 말씀이지. 어때? 자네가 만날 주장하는 것과 크게 다를 바 없지? 모두를 똑같이 사랑하라, 차등을 두지 마라, 이게 자네 주장이잖아?"

"내 말이야 그렇지만, 자네가 내 뜻을 온전히 다 알고 하는 말인지는 모르겠네."

묵적이 여전히 뾰로통하니 대꾸했다. 장주가 그의 옆구리를 쿡쿡 찔렀다.

"자네 우울한 거 보니, 약 떨어졌나 보네."

묵적이 그 말에 대꾸도 않고 다시 저만큼 앞서 나갔다. 아차, 싶었다. 장주는 머리를 벅벅 긁었다. 묵적이 우울증 약인 프로작을 처방받았다는 말을 얼마 전에 들었는데, 아마도 그는 그 사실이 알려지는 게 별로 달갑지 않은 듯했다.

겸손하고 근검하면서 모든 사람을 위해 제 몸 수고로운 걸 전혀 돌보지 않고 애쓰는 인물이 묵적이라, 평소의 그를 아는 사람들은 그가 우울증을 앓고 있다는 말에 깜짝 놀랐다. 다만 장주나 공자 등 몇몇만이 고개를 끄덕였는데, 그것은 묵적처럼 남을 위해 애쓸수록 자신은 상처받기 쉽다는 걸 알기 때문이었다.

게다가 묵적 자신은 또한 남들이 자신을 위해 조금이라도 수고를 베푸는 걸 견디지 못했다. 눈곱만치라도 도움을 받으면 그걸 황송해하고 어떻게 해서라도 곧 갚으려고 했다. 묵적의 이런 태도는 너무 경건해서 오히려 경직된 것처럼 보이기도 했으니, 오랜 세월 그런 경직 상태를 견디다 보면 우울증이 생길 법도 했다.

"내가 큰 거, 아~주 큰 거, 또 얘기해 줄까?"

얼추 산길을 다 내려갔지 싶은 곳에서 장주가 또 이야기를 꺼냈다. 다들 크게 달가워하지 않는 눈치였지만 그런 눈치는 아랑곳 않고 장주가 말을 이었다.

내가 어렸을 때 우리 할머니가 해 주던 이야기야. 마루에 앉아서 너무 심심해 온몸을 배배 꼬다가 벌렁 드러누워 잠이 들락말락하거나, 나팔꽃 덩굴이 기어 다니는 담벼락에 기대어 코딱지를 후비면서 해바라기하고 있거나 하면, 우리 할머니가 평상에 앉아 날 못 본 체하고는 이야기를 시작하곤 했지. 그래, 그 평상에는 아랫목이 타 버려 구멍이 뚫린 장판이 깔려 있었지. 그런데 평상은 좀 기울어져 있기 마련이라서 여름에 땀 흘리며 드러누워 자다 보면 슬슬 미끄러져 내려오곤 했잖아……. 아, 그래. 그 얘길 하려는 게 아니라, 그 평상 위에서 우리 할머니가 얼마나 신 나게 이야기를 늘어놓곤 했는지……. 지금 생각해 보면 참 뻥도 그만한 뻥이 없다 싶지만, 그때는 내 마음이 저 산자락들처럼 훠훠 펴지는 것같이 대단히 시원했거든. 지금 그 얘길 들려줄 테니 귀 씻고 잘들 들어 봐.

…… 저 북녘에 가면 검푸른 바다가 있대. 거기 물고기가 하나 사는데 이름이 '곤(鯤)'이라고 하던가. 그런데 이놈이 얼마나 큰지 그 크기가 몇 천 리가 되는지 몰라. 이게 획 몸을 솟구쳐 올라 변신하면 새가 된대. '붕(鵬)'이라는 새가 그것인데, 이 새 등짝도 얼마나 큰지 몇 천 리가 된다지. 이 새가 한번 맘먹고 날아오르면 그 날개 편 것이 하늘 가득 드리운 구름 같았다는군. 바다가 움직이면 새가 날아올라 저 남녘의 검푸른 바다로 날아가려고 하는데, 그 바다 이름이 '하늘못[天池]'이라고 해.

…… 이 붕새가 남쪽 바다로 날아가려면 그 커다란 날개로 해수면을 턱하고 치는데 그 길이가 삼천리야. 삼천리를 치고서 그 회오리바람을 타고서 저 구만리 꼭대기까지 올라가지. 왜 그렇게 높이 오르느냐고? 생각을 해 봐. 그렇게 거대한 날개를 띄우려면 그 밑에 바람이 얼마나 두텁게 쌓여야 하겠어? 양의 뿔처럼 빙글빙글 돌면서 구름을 뚫고서 구만리 정도는 올라가야 비로소 날개를 띄울 바람이 쌓이는 거지. 그런 뒤에야 붕새는 바람을 타고 푸른 하늘을 등에 진 채 북쪽 바다를 떠나서 남으로 남으로 날아가는데, 여섯 달을 난 뒤에야 숨을 한번 크게 쉰다는군.

…… 그런데 말이야, 나무에 붙어서 신 나게 울어 젖히던 매미란

놈하고 땅을 뒤져 작은 버러지를 쪼아 먹던 작은 비둘기 조무래기 새들이 어느 날 하늘이 컴컴해지고 천지가 흔들리듯 바람이 이는 것을 보고 깜짝 놀랐더란 말이야. 그놈들이 위를 쳐다보니 구름장 같은 것이 하늘을 가리더니 서서히 사라지는데, 보니까 거대한 새가 까마득한 곳에서 훨훨 날아가거든. 그걸 멍하니 쳐다보다가 한참 있다가 정신을 차리더니 입을 삐죽대고 고개를 탈탈 털면서 이렇게 비웃겠지.

"우리는 힘을 다해 후닥닥 날아올라 느릅나무나 다목나무 가지 위에 머물거나, 때로는 거기에도 이르지 못하고 땅바닥에 떨어지기도 해. 우리가 사는 데는 매달려 있을 나무 한 그루, 작은 숲, 고개 위에 드리운 한 뼘의 하늘만 있으면 되는 거야. 그렇게 평생을 살아가지. 그런데 저 새는 뭐 하러 저렇게 요란하게 구만리 꼭대기까지 올라가 저 먼 남쪽으로 날아가는지 몰라."

그랬더니 그 옆에 있던 메추라기도 이렇게 한 수 거들었지.

"저 쓸데없이 크기만 한 저 새는 도대체 어디로 가겠다고 저리 야단인고. 나는 한껏 날아올라도 얼마 가지 않아 도로 내려와 쑥대밭 사이를 날아다닐 뿐이야. 내가 날아다닐 수 있는 최상의 경지는 이것이야. 여기서 나는 먹이를 먹으며 한평생 잘 살지. 그런데 쟤는 도대체 어디로 가서 뭘 하려고 저렇게 요란스레 나는 건지. 나 원……."[3]

…… 어때, 재밌지? 울 할매, 이 양반이 평생을 산등성이 척박한 땅에

서 콩밭만 매느라 잡초니 벌레들하고 씨름하며 사신 양반이 말이야, 그렇게 큰 이야기를 가슴 속에 담고 있었다니, 참 신기하지 않아? 첩첩 산자락이 어깨높이로 굽이굽이 펼쳐져 있고, 저 아래로는 장난치듯 그어 놓은 논밭이 빼곡하고, 그 사이사이로 초가집들이 옹긋옹긋 솟아 있고, 실뱀 같은 강줄기가 끊어질 듯 이어지는 모양을 내려다보다가, 문득 하늘이 컴컴해지면서 두터운 바람이 휘익 하고 지나가면 울 할매는 아, 붕새가 나는구나, 했다지 뭐야. 나는 가끔 울 할매가 사실은 사람 형상을 한 마고할미가 아닐까 하는 생각을 했어. 세상을 만든 마고할미 말야. 마고할미가 오줌을 눈 게 강물이 되었다는 그 마고할미 말야. 울 할매가 이야기해 주는 그 세상이 얼마나 크고 너른지, 나는 숨이 턱턱 막힐 정도로 좋았다니까.

장주는 문득 할머니가 그리운지 발을 멈추고 하늘을 올려다봤다. 묵적을 뺀 나머지 일행도 덩달아 하늘을 보면서 큰 숨을 내쉬었다. 뭔가 큰 얘기를 들었으니 숨이라도 크게 쉬어야 예의일 것 같아서였다. 묵적만이 들릴 듯 말 듯한 소리로 중얼거렸다.

"그 덕에 자네도 마냥 일생을 구만리 장천에서 휘돌고 있는 게지. 자네가 구만리 장천에서 노는지 어떤지는 모르겠으나, 우리를 매미나 메추라기 취급하고 있는 것은 익히 알지."

"아, 그래요. 듣고 보니 저도 매미나 메추라기가 된 것 같은 기분이 드는데요."

규도 계면쩍게 웃으며 묵적의 편을 들고 나섰다.

장주가 규의 지팡이를 슬쩍 빼앗아 쥐었다. 묵적이 눈을 흘기며 말했다.

"하루살이는 일생 동안 해가 한 번 뜨고 한 번 지지. 우리 피를 빨던 모기는 보름달이 또다시 뜨는 걸 모르고 죽어. 사람보다 짧게 사는 게 분명하지. 그래도 그게 그것들의 일생이야. 태어나고 자라고 짝짓고 새끼 기르고 늙어 죽어. 일생 동안 할 일을 모두 하고 죽는다이 말일세. 살다가 말고 죽는 게 아냐. 일생 동안 하는 일로 보면 사람이나 같지. 그러면 되는 거지, 또다시 해가 뜨는 걸 모른다고 하루살이를 비웃으면 교만한 거야."

다들 묵적의 말에 와! 하고 감탄했다. 장주 역시 감탄하면서도 한마디 덧붙였다.

"묵적, 자네 정말 대단해. 드디어 만인에 대한 사랑이 만물에 대한 사랑으로 발전했구먼. 그렇지만, 내가 언제 매미나 메추라기를 비웃었는가? 나도 자네와 생각이 같아."

"제가 듣기에도 아까 말씀에 붕새를 비웃는 매미나 메추라기가 오히려 더 가소롭다고 비웃으시는 것 같던데요?"

김 기자가 말하며 장주의 눈치를 살폈다. 장주가 고개를 저었다.

"묵적 말대로 누구나 자신의 일생이 있으니, 그걸 비교해서 길으니 좋다, 짧으니 나쁘다고 말할 수 없는 거야. 서로 상대가 갖고 있는 세상의 크기를 함부로 비교해서 비웃거나 얕잡아 볼 수 없는 거지.

매미나 메추라기는 자기 한계를 넘어선 큰 세계가 있다는 걸 알아야 하고, 붕새는 매미나 메추라기가 붕새보다 훨씬 더 잘고 정밀하게 시간을 쪼개 쓸 수 있다는 걸 알아야 해. 결국엔 미시의 세계도 거시의 세계와 크기가 같은 것이라면 알아듣겠나? 그래서 세상에는 저 가느다란 짐승 터럭보다 큰 것이 없고, 히말라야 산은 오히려 가장 작은 것이고, 태어나자마자 죽은 아이가 장수한 것이며, 동방삭은 요절했다고 말하는 것이야…….”[4]

장주의 말이 끝나자 다들 고개를 끄덕였다. 분명히는 모르겠으나 어쨌든 좀 알아들을 것도 같았기 때문이다. 묵적만이 장주의 코앞에 손가락을 흔들어 댔다.

“교묘하게 둘러대는 걸 내 모를 줄 아는가? 아까는 분명히 작은 것이 큰 것을 비웃는 게 어리석다는 뜻으로 이야기를 했어.”

“그야 대개 비웃는 쪽은 더 작고 더 어리석은 쪽이기 마련이라서 그렇게 말한 거지. 자네같이 활짝 열린 큰마음을 갖고 있는 자라면 신경 쓸 게 뭐 있겠나?”

장주가 묵적의 어깨를 감싸 안았다. 묵적이 장주를 냅다 떠다밀며 눈을 흘겼다. 화난 게 아니라, 그저 얄미워 죽겠다는 표정이었다.

5. '큰 이야기들' 원문 풀이

[1] **子綦曰 偃 不亦善乎 而問之也 今者吾喪我 汝知之乎 女聞人籟而未聞地 女聞地籟而未聞天籟夫 子游曰 敢問其方 子綦曰 夫大塊噫氣 其名爲風 是唯無作 作則萬竅怒呺而獨不聞之翏翏乎 山林之畏佳 大木百圍之竅穴 似鼻 似口 似耳 似枅 似圈 似臼 似洼者 似汙者 激者 謞者 叱者 吸者 叫者 譹者 宎者 咬者 前者唱于而隨者唱喁 冷風則小和 飄風則大和 厲風濟則衆竅爲虛 而獨不見之調調之刁刁乎 子游曰 地籟則衆竅是已 人籟則比竹是已 敢問天籟 子綦曰 夫吹萬不同 而使其自己也 咸其自取 怒者其誰邪. 『장자』, 「齊物論」**

자기가 말했다. "언아, 질문이 참 좋구나. 지금 나는 나 자신을 잃어버렸는데 너는 그것을 알았는가! 너는 '인뢰(사람이 내는 소리)'는 들었어도 아직 '지뢰(땅이 내는 소리)'는 듣지 못했을 것이며, 지뢰는 들었어도 아직 '천뢰(하늘이 내는 소리)'는 듣지 못했을 것이다."
자유가 말했다. "감히 그 방법을 묻습니다."
자기가 말했다. "대체로 대지가 숨을 쉬면 그것을 일러 바람이라고 한다. 이것은 일어나지 않는다 뿐이지 일단 일어나면 온갖 구멍이 다 소리를 내니 너만 유독 윙윙거리는 바람 소리를 듣지 못했는가. 험하고 높은 숲에서 둘레가 백 아름이나 되는 큰 나무 구멍은, 콧구멍 같고, 입 같고, 귀 같고, 기둥 받치는 가로나무 같고, 나무 그릇 같고, 절구통 같고, 깊은 웅덩이 같고, 얕은 웅덩이 같은 것이 있는데, 거기서 나는 바람 소리는 물이 부딪치는 듯한 급한 소리, 씽씽 화살이 나는 것처럼 날카로운 소리, 꾸짖는 듯 혼내는 소리, '헉헉' 들이마시는 것 같은 소리, 외치는 소리, 볼멘 소리, 웃는 소리, 귀여운 소리이다. 앞에서 윙윙 소리를 내면 뒤서 따르며 윙윙 소리를 낸다. 산들바람이 불면 작게 화답하고, 거센 바람이 불면 크게 화답 하는데, 만일 크고 매운 바람이 그치면 곧 모든 구멍들이 텅 비어서 고요해진다. 그런데 너만 유독 흔들흔들하고 산들산들거리는 모습을 보지 못했는가."

[2] **大知閑閑 小知閒閒 大言炎炎 小言詹詹 其寐也魂交 其覺也形開 與接爲日以心鬪…. 『장자』, 「齊物論」**

"큰 지혜는 여유롭지만 작은 지혜는 시시콜콜 따진다. 큰 말은 담담하지만 작은 말은 쩨쩨하다. 잠들어도 마음이 쉴 새가 없고 깨어나서도 몸뚱이가 밖으로 열려 있어 사물과 접촉해서 날마다 마음 속에서 싸운다…"

[3] 北冥有魚 其名爲鯤 鯤之大 不知其幾千里也 化而爲鳥 其名爲鵬 鵬之背 不知其幾千里也 怒而飛 其翼若垂天之雲 是鳥也 海運則將徙於南冥 南冥者 天池也 齊諧者 志怪者也 諧之言曰 鵬之徙於南冥也 水擊三千里 搏扶搖而上者九萬里 去以六月息者也 野馬也 塵埃也 生物之以息相吹也 天之蒼蒼 其正色邪 其遠而無所至極邪 其視下也 亦若是則已矣 且夫水之積也不厚 則其負大舟也無方 覆杯水於坳堂之上 則芥爲之舟 置杯焉則膠 水淺而舟大也 風之積也不厚 則其負大翼也無力 故九萬里 則風斯在下矣 而後乃今培風 背負青天而莫之夭閼者 而後乃今將圖南 蜩與學鳩笑之曰 我決起而飛 槍榆枋 時則不至而控於地而已矣 奚以之九萬里而南爲 適莽蒼者 三飡而反 腹猶果然 適百里者 宿舂糧 適千里者 三月聚糧 之二蟲又何知. 『장자』, 「逍遙遊」

남쪽 깊은 바다에 물고기가 있는데, 그 이름을 '곤'이라고 했다.
곤의 크기는 몇천 리가 되는지 알 수도 없다. 어느 날 이 물고기가 변신을 해서 새가 되니 이름을 '붕'이라고 했다. 이 붕새의 등 넓이도 또한 몇천 리가 되는지 알 수 없다. 떨치고 날아오르면 그 날개는 하늘에 드리운 구름과 같다.
이 새는 바다가 움직이면 남쪽 끝의 짙푸른 바다로 날아가려고 하는데, 남쪽 커다란 하늘의 못은, '천지'이다. '제해'는 괴이한 일을 잘 기억하고 있는데, 제해는 이렇게 말했다.
붕새가 남쪽 바다로 날아 옮겨 갈 때에는 날갯짓으로 바닷물을 삼천리를 치고 올라, 회오리바람을 타고 구만리까지 올라간다. 그리하여 북쪽 바다를 한 번 떠난 지 여섯 달을 난 뒤에야 비로소 한 번 숨을 쉰다. 공중에 떠있는 아지랑이와 티끌은 생물체들이 숨으로 서로 불어 준 것이다. 하늘이 푸른 것은 그 본래의 색깔인가? 아니면 아득히 멀고 멀어서일까. (붕새가) 아래를 내려다볼 때에도 또한 이와 같을 것이다. 물이 괴어 쌓인 것이 깊지 않으면 큰 배를 띄울 힘이 없다. 한 잔의 물을 마루의 움푹한 곳에 엎지르면 기껏 티끌이 떠서 배가 되겠지만, 거기에 잔을 놓으면 뜨지 못하고 바닥에 닿는다. 물은 얕고 배는 크기 때문이다.
바람이 두터이 쌓이지 않으면 큰 날개를 짊어질 만한 힘이 없다. 그러므로 구만리 높이까지 올라가야만 바람이 비로소 아래에 쌓이게 된다. 그런 다음 바람을 타고 푸른 하늘을 등에 진 채 갈 길을 막는 것이 없게 된 뒤에야 비로소 남쪽으로 날아가려고 한다.
매미와 작은 새는 비웃으며 말했다. "우리는 있는 힘을 다해 날아올라 느릅나무나 다목나무 가지 위에 다다르려 하지만, 때로는 거기에도 이르지 못하고 땅바닥에 곤두박질치는 때도 있다. 무엇 때문에 붕새는 구만리 꼭대기까지 올라가 남쪽으로 가려는가?"
가까운 곳에 바람 쏘이러 나가는 사람은 세 끼 밥만 먹고 돌아와도 아직 여전히 배가 부르지만, 백리 길을 가는 사람은 전날 밤에 식량을 찧어서 준비해야 하고, 천리 길을 가는 사람은 석달 전부터 식량을 모아 둬야 한다. 그러니 이 두 벌레가 어찌 알겠는가?

[4] 天下莫大於秋毫之末 而大山爲小 莫壽於子 而彭祖爲夭
天地與我竝生而萬物與我爲一.『장자』,「齊物論」

세상에 짐승의 가을 터럭보다 큰 것은 없으며 태산보다 작은 것은 없다. 일찍 죽은 아기보다 더 오래 산 사람이 없고, 팽조는 요절한 것이다. 천지가 나와 나란히 생겨나고 만물은 나와 함께 하나가 된다.

* 짐승 터럭보다 작은 것을 들기로 따지면 무한히 작은 것, 더 작은 것을 얼마든지 들 수 있다. 그 무한히 작은 것들에 견주면 터럭은 큰 것이 된다. 산도 그보다 큰 것을 무수히 들어 보인다면 히말라야 산은 오히려 가장 작은 것이 된다. 생명도 원래 생명으로서 맺혀지기 전의 상태가 원래 상태라고 본다면, 태어나자마자 생명의 원래 상태로 돌아간 아이가 동방삭보다 원래 상태로 오래 살고 있다고 볼 수 있다는 말이다. 유무, 대소를 나누거나 구별하지 않는 것이 오히려 진실에 가깝다는 장자의 주장에서 나온 말이다.

_지은이

잔치가 끝나다

6

일행이 산길을 내려와 운동장에 들어서자 맹자가 커다란 국자를 휘두르며 욕을 해 댔다. 공자도 어지간히 속이 탔었는지 팔짱을 낀 채 등을 돌리고 앉았다. 반듯한 그로서는 시간 약속을 어긴다거나 음식이 식어 가는데 꾸물거리고 있다거나 하는 꼴을 참고 보는 것처럼 심한 고역이 없었던 것이다.

장주를 무사히 데리고 내려온다는 전갈이 있었던 터라 잔치는 이미 시작되었다. 다들 접시에 음식을 수북이 담아서 나르거니 권하거니 하면서 흥이 올랐다.

커다란 장국 솥 앞에서 토렴하느라 분주하던 얀츕이 장주 일행을 보고 손을 흔들며 뛰어나왔다.

"다들 걱정 많이 했어요. 어디 계셨어요?"

얀츕은 멀찌감치 있는 맹자의 눈치를 슬슬 보면서 장주를 잡아끌었다. 장주는 얀츕에게 이가 드러나게 웃어 보이고는 엄지손가락을 치켜들고 천연덕스럽게 맹자에게 다가갔다.

"여어, 맹자 아줌씨. 고생이 많시다. 이런 시골구석에다가 이렇게 성대한 잔치를 차리다니, 역시 최고야, 최고……."

"사람을 불렀으면 첫새벽부터 일어나 정갈히 몸단장하고 기다렸다가 투박한 손이나마 부지런히 거들어야 인간이지, 산속에 처박혀 있다가 이제야 나타났!?"

맹자가 국자로 장주의 엄지손가락을 쳐 내며 씩씩거렸다. 장주가 냉큼 국자를 빼앗아 들고는 흐흐 웃으며 맹자에게 얼굴을 디밀었다.

"흐흐…… 첫새벽부터 정갈히 몸단장하고 오셔서 날 기다리셨나 보군?"

"무엇이? 내 이놈의 잔칫상을 당장에 제사상으로 만들어 주랴?"

맹자가 넓적한 쟁반을 들고 장주에게 달려들었다. 장주는 국자를 무기 삼아 쟁반을 피했다. 바야흐로 쟁반을 든 맹자와 국자를 든 장주의 접전이 벌어졌다. 그러자 운동장 마당에 있던 잔치 손님들이 모여들어 저마다 응원을 해 대느라 한바탕 소란이 일었다.

맹자, 최고다!

한 방 먹여라, 더 밀어붙여!

맹자, 러허이!

장주, 러허이!

시작하자마자 바람을 가르며 휘두르는 맹자의 쟁반에 장주는 머리며 어깨며를 몇 방 얻어맞았다. 힘으로도 맹자가 한 수 위이긴 했지만, 한 손에 깁스를 한 장주로서는 균형을 잡으며 요리조리 피하는 것부터가 여간 힘든 게 아니었다.

그 와중에 백우가 길길이 날뛰며 뛰어들었다. 아마 어른들이 신나는 싸움 놀이를 한다고 생각한 모양이었다. 앞치마를 길게 두른 백우가 소쿠리를 들고 좌충우돌 해 대자 호연이가 백우를 잡기 위해 싸움터에 끼어들었다. 어른 둘은 싸우고 백우는 그 사이를 헤집고 다니며 둘 다를 공격하고, 그 틈에 백우가 다칠까 봐 호연이가 끼어들고 하면서 금세 난장판이 벌어졌다.

이번에는 구경꾼들이 저마다 맹자 편, 장주 편으로 갈려서 치고 막고 덤비고 내달리며 한바탕 야단법석이 났다. 공자가 아무리 국자로 양푼을 두드리며 말려도 아무도 듣지 않고 그저 싸움 놀이에 신이 나 난리를 벌였다. 오히려 공자가 두드리는 소리가 싸움을 독려하는 진군 북소리마냥 갈수록 더 흥을 돋우었다.

한바탕 싸움 놀이는 결국 장주가 요리조리 피하다 송편을 쪄 낸 채반 위에 엎어지는 것으로 끝이 났다.

"모두들 그만! 어서 정리들 하고 손 씻고 잔칫상에 앉앗!"

맹자가 숨을 헐떡이며 모두에게 외쳤다. 장주의 꼴을 보고 배꼽을 쥐고 웃어 대던 사람들이 모두 가쁜 숨을 골랐다.

"이게 무슨 꼴입니까, 애들처럼?"

얀춥이 얼른 장주에게 다가가 그의 몸뚱이에 무참히 터져 버린 송편들을 정리하며 핀잔을 주었다. 장주는 여전히 털퍼덕 주저앉아 숨을 몰아쉬며 웃었다.

"애들처럼! 그거 좋은 말이야, 얀춥. 사람은 말이야, 애들 마음일 때가 제일 좋아. 적자지심(赤子之心)이라고 들어 봤어? 그걸 간직하고 살 때가 제일 행복한 거야. 적자지심에 때를 묻히면서부터가 고통인 거지."

"고통? 자네야말로 더 고통당하지 않으려면 냉큼 일어나 수습이나 하셔."

맹자가 머리카락을 쓸어 올리며 내뱉었다. 장주가 아무렴이요! 하며 벌떡 일어섰다. 얀츕이 장주를 끌고 수돗가로 가는 뒷모습을 보며 공자가 혀를 끌끌 찼다.

자리가 다시 정리되어 다들 잔칫상에 둘러앉았다. 오후의 가을 햇살은 마치 봄볕마냥 따스했다. 장주는 포기째 죽죽 찢어 올려놓은 김치를 보면서 침을 삼키더니 주위를 둘러보며 물었다.

"혜시는 아직 안 왔는가?"

"요새 아주 바쁘다네, 정치판에서 일하시느라."

맹자가 퉁명스레 대꾸하자 장주가 고개를 갸웃했다. 맹자가 장주에게 물었다.

"그나저나 중대한 얘기란 게 뭐야? 잔치 음식 먹고 싶으면 그렇다고 하면 그만이지, 꼭 뭔가가 있는 것처럼 기자까지 불러 가며 신소리를 흘리는 심보가 뭐야?"

장주가 난처한 얼굴로 대답했다.

"그야, 중대한 얘기란 게 분명히 있지. 그런데 그걸 이 자리에서 혜시하고 같이 말하기로 했는데……."

"혹시 자네까지도 정치판에 나가겠다는 말인가, 설마?!"

맹자가 화들짝 놀라 장주의 말을 무지르며 물었다.

장주는 고개를 흔들고는 대답 대신 주변을 재촉했다.

"혹시 혜시랑 연락이 되는지 다시 좀 알아봐. 이건 아주 중차대한 일이라고."

장주가 돼지고기 수육을 한입 가득 물고는 다시 느릿느릿 말했다.

"자기 몸 상하는 줄도 모르고 정치판 난장에 나가서 작두춤이나 추는 인사하고 무슨 시답잖은 일을 꾸밀 게 있겠어……."

멀리서 호연이가 아까부터 혜시와 연락이 안 된다면서 손을 내저었다.

"자, 자. 그럼 혜시랑 장주 얘기는 사정 되는 대로 좀 있다 듣기로 하고, 이제부터 어디 정식으로 허리띠 끄르고 먹기나 하세. 이 좋은 날, 이 좋은 음식에, 이 좋은 벗들과 함께 맘껏 먹고 놀지 않는다면 천지신명에 대한 예의가 아니지, 안 그런가, 공자?"

맹자가 아직도 좀 삐친 기색이 있는 공자의 옆구리를 쿡 찔렀다.

공자가 금세 웃으며 대꾸했다.

"암만, 암만, 그렇고 말고……. 벗들이 멀리서부터 달려와 함께해주니 얼마나 좋은가![1] 자, 어서들 부지런히 먹고 노세."

공자가 술잔을 높이 쳐들자 다들 환호를 올리며 술잔을 들었다. 공자가 술잔을 싹 비우고 입가를 훔치자 안츕의 친구 람이 술동이를 들고 왔다.

"그게 뭔데?"

장주가 입맛을 다시며 물었다.

"럭시 술이지요. 독한 거니까 살살 드셔야 해요."

얀춥이 미소 지으며 말했다.

"이거 귀한 걸세."

공자가 평소 점잖은 그답지 않게 눈을 빛내며 잔을 내밀었다. 다들 그 모습을 신기해하자 공자가 쑥스러운 듯 입가에 미소를 흘리며 말했다.

"내가 원래 술은 좀 하거든."

그러자 맹자가 거들었다.

"그래. 이 사람이 원래 한량없이 술을 마시지. 취해서 정신 잃도록 먹는 걸 여태 내가 못 봤으니, 얼마나 먹는 게 제 양인지 아무도 모른다는 거 아냐."[2]

"럭시에는 이 수꾸띠가 제격이지요."

얀춥이 육포를 한 조각 내밀었다. 물소 고기 육포라고 했다. 공자는 눈을 지그시 감고 향을 맡고는 술을 한 잔 들이켠 후 수꾸띠를 물었다.

"아, 좋다. 내가 미식가인 걸 어찌 알고 이렇게 알뜰히 준비했나, 고맙게도."

공자는 거푸 두 잔을 들이켰다. 옆에 앉은 묵적이 술을 한 모금 마시고 귀까지 발개져서는 제법 술 마신 기분을 내며 물었다.

"이렇게 고향 음식에 고향 술 한 잔 들이켜면 고향 생각이 간절히 나겠네 그려? 멀리는 만년설이 쌓인 높은 산들이 병풍처럼 둘러서 있고, 굽이굽이 너른 초원에는 차가운 시내가 흐르고, 한쪽에는 검푸른 침엽수가 뿌연 안개 속에 숲을 이루고 있고, 또 저 너머엔 파란 호수가 고요한……, 그런 곳 말이야. 거기서 불을 밝히며 술을 먹던 기억들이 떠오르지 않는가?"

묵적의 말에 얀춥과 람은 말없이 미소만 지었다. 맹자가 묵적의 옆구리를 쳤다.

"이 사람이 주책없이…… 사람을 향수병에 빠뜨리네. 자, 자네들도 내 비장의 동동주를 어서들 들게나."

"그런데 내 입에는 자네 동동주보다 이게 더 나은 것 같아."

공자가 웃으며 석 잔째의 럭시를 따르자 맹자도 따라 웃으며 말했다.

"미식가 어르신 입맛이 그러시다면 그런 것이겠습죠. 천천히 쭈욱 드시지요."

"미식가? 공자가 미식가야?"

장주가 딴죽을 걸었다. 맹자가 목소리를 높여 대꾸했다.

"자타가 공인하는 미식가 아닌가? 아, 공자 입맛 맞추기가 얼마나 힘든지 알아? 제철 음식만 먹지, 정갈한 것만 좋아하지, 만듦새까지도 여간 신경 쓰는 게 아니지, 귀하고 맛난 거 찾으러 다니지……. 우리 식당 정도 되니까 이 친구 입맛 맞추는 거라고."

맹자의 말에 장주가 젓가락을 휘휘 내저었다.

"그건 진정한 미식가가 아냐. 제 입에 맞는 것, 제 눈에 좋은 것, 귀하고 좋은 것만 찾아다니는 게 어떻게 미식가인가? 그건 미식이 아니라 탐식이야, 탐식. 음식을 탐하는 거지. 진정한 미식가란 말이지……."

"내가 언제 귀하고 좋은 것만 찾아다녔다고 그래?"

공자가 발끈하고 나섰다.

장주가 공자를 흘깃 쳐다보고는 입을 삐죽이며 말을 이었다.

"찬밥 한 덩이를 차가운 우물물에 말아서 묵은지 한 장 척 얹어서 먹으면서도 그 오묘한 맛의 조화를 느끼고, 푸슬푸슬한 보리밥에 어젯밤 끓여 뒀던 강된장 쓱쓱 비벼 먹으면서도 그 깊은 맛에 감격하는 게 진정한 미식가야. 어때, 내 말이 그른가?"

"거 모처럼 자네 입에서 영양가 있는 소리 나오네. 암만, 암만, 그렇지. 자네 말이 백 번도 옳고 천 번도 옳아."

맹자가 이번에는 기분 좋게 장주의 팔을 치켜올려 주었다. 다들 그 말에 고개를 끄덕이며 옳은 말이라고 감탄했다. 장주는 털털 웃으며 다시 말을 이었다.

"그런데 말이야, 그보다도 더 진짜, 진짜 고수 미식가가 있거든."

"아, 아. 그만. 자네 말은 아까 거기까지. 항상 더 나아가면 문제야. 거기까지만 하시지."

맹자가 장주의 입을 손으로 막았다. 그러나 장주는 끝내 맹자의 손을 붙잡아 내리고는 긴말을 시작했다.

"진정한 미식가는 말이야, 아예 자기 맛이란 걸 잊어야 해. 자기 혀와 코를 잊어야 한다고. 제 입에 간이 잘 맞으면 맛있다고 하는가? 그럼 결국 그저 까다롭기만 한 게 미식가란 말인가? 남의 입맛이 내 입맛과도 같다는 걸 어찌 알겠는가? 어렸을 때는 맛있던 아이스크림, 초콜릿이 어른이 되어서도 맛있는가? 이 땅에서는 김치와 된장이 최고지만 외국인은 어떤가? 더 나아가 볼까? 사람은 말야 고기를 맛있다고 먹지만 사슴은 풀을 뜯어 먹고, 지네는 뱀을 맛있다고 먹고, 솔개와 까마귀는 쥐를 잡아먹는다네. 누가 올바른 맛을 안다고 하겠는가?[3] 나만이 올바르게 맛을 안다고 하는 것은 교만이고 욕심이야. 결국 자기 세 치 혓바닥이 시키는 대로 세뇌되어 버리고 만 것이라니까. 그러니까 진정한 미식가는 말야, 아예 자기 입맛이 없어야 하는 거야. 겸손하고 투명해야 모든 음식의 맛을 정말 알 수 있는 거지."

맹자가 장주의 입에 안주를 가득 쑤셔 넣어 주며 야죽거리는 투로 말했다.

"그러게, 공자야말로 겸손하고 투명해서, 진짜 맛 가짜 맛을 예민하게 감별한다는 거 아닌가."

장주가 씹지도 않고 삼키면서 기어코 말을 보탰다.

"아예 자기 입맛이란 게 없어야 한다니까. 혀가 자기 혀가 아니고, 코가 자기 코가 아니고, 이가 자기 이가 아니고, 목구멍이 자기 목구멍이 아닐 때 세상 모든 맛이 원래 제맛 그대로 벌거벗고 덤비는 거라니까."

"자, 벌거벗고 덤비든 뭘 뒤집어쓰고 덤비든, 음식 앞에 놓고 너무 떠드는 건 예의가 아니지. 게다가 한 손도 거들지 않은 위인이 뭔 사설이 이리도 긴가? 입 다물고 그저 감사하게 드시기나 하셔."

맹자가 핀잔을 주자 장주는 더 이상 말을 잇지 않고 이를 드러내고 히히 웃었다. 사실 떡 벌어지게 차려진 상을 보니 처음부터 좀 미안하기도 했던 터였다.

심심매 바니마…….

저만치서 얀츕의 친구들이 어깨를 서로 두르고 고향 노래를 부르기 시작했다. 장주가 얀츕을 앞세워 노래패에 합류해서는 한참을 놀았다.

"그나저나 혜시가 늦네……."

잘 노는가 싶던 장주가 어느새 자리로 돌아와 앉아 길 쪽을 내려다보며 고개를 뺐다.

"오늘 중대 발표가……."

손 기자와 김 기자가 다가와 앉으며 장주에게 물었다.

맹자가 입을 삐죽거리며 끼어들었다.

"중대 발표는 무슨……! 그냥 다들 모여 놀자고 사기 친 거지. 내 장주 깜냥은 손바닥 들여다보듯 빤히 안다네. 안 그런가, 장주?"

"아, 정말 중대 발표가 있다니까! 인류를 미망에서 구해 낼 중대 발표가 있다네."

장주가 펄쩍 뛰자 다시 맹자가 비아냥거렸다.

"그러게, 자네에게는 무척 중대하지만, 우리들에겐 실은 하나도 중대하지 않은 거, 그런 거지? 왜, 또 사라졌던 땅강아지라도 발견했는가?"

"그러지 마. 정말 중대한 일을 말하려는지 어찌 알아?"

공자가 가로막고 나섰다.

장주는 예의상 기대하는 표정을 지으려 애쓰는 공자의 얼굴을 한참 쳐다보고 나서는 결심한 듯 모두를 손짓해 불렀다.

"자, 그럼, 내 미리 천기누설을 할 테니 다들 놀라지 말고 들어야 해. 이건 아마 인류를 미망에서 건져 줄 대단한 발견이며 발명이 될 거야."

"그런 건 우리 공자 님 전공이 아닌가? 공자야말로 인류의 복지 향상에 기여할 위대한 발명품을 만들고 있잖은가. 아직 크게 빛을 본 게 없어서 그렇지."

맹자가 딴죽을 걸고 나서자 모두들 킥킥 웃었다. 공자와 장주가 동시에 맹자에게 눈을 흘겼다.

장주가 다시 말을 이었다.

"자, 기자 양반들은 어서 제대로 받아 적을 준비를 하시고……. 골자는 말이야……."

역시 그다지 크게 기대하는 눈치는 아니었지만, 김 기자와 손 기자는 마지못해 수첩을 꺼내 들었다.

장주는 아랑곳 않고 긴 이야기를 시작했다.

이건 금 이야기일세. 세상 사람들이 모두 귀하다고 하는, 바로 그 금 이야기를 하려는 거야. 모두들 금 덩어리를 보면 눈이 휘둥그레지고 가슴이 펄떡펄떡 뛰지? 갖고 싶어서 말이야. 그런데 왜 금이 귀하다고 생각하나? 번쩍이는 게 멋있어서? 과연 금장식이 멋있긴 하지. 오래도록 변치 않아서? 그래. 몇 천 년 전 이집트 왕의 미라가 금으로 싸여 아직도 빛나고 있지. 흔하지 않아서 귀하다고 말하기도 하지. 지구의 땅껍질 속에는 구리의 일만 분의 일 정도밖에 들어 있지 않다지. 인류가 그동안 채굴한 금의 총량을 모아 봤자, 4.5제곱미터 면적에 15미터 높이의 덩어리밖에 안 된다는군. 게다가 가공하기도 쉬워서 얇게 펴면 0.0001밀리미터 이하로 되고, 길게 늘이면 1그램으로 삼천 미터의 금선을 만들 수 있대. 그러니 두드리고 쪼아서 온갖 장식을 해 낼 수가 있는 거지. 이런저런 이유로 금이 귀하다더군…….

그럼 뒤집어서 말해 보자고. 금이 흔하디흔한 것이 된다면, 금은 과연 그때도 귀할까? 물론 아니겠지. 그래, 보석도 마찬가지야. 그만큼 빛내는 광물이 흔하고, 또 합성해 낼 수도 있어서 지천으로 널려 있게 된다면 다이아몬드가, 비취가 비싸고 귀할까? 물론 아니지. 한낱 구슬 알맹이에 지나지 않게 되지…….

그럼 귀하다는 것은 무엇인가? 갖고는 싶은데 누구나 다 가질 수 없게 되면 귀하고 비싼 것이 되는 거야. 그것 자체에 귀한 값어치가 절대적으로 담겨 있는 게 아니라고. 무슨 말인지 알겠어? 그 값어치란 것은 인간들이 안달하면서 거짓으로 꾸며 낸 환상이라고. 허위라는 거야. 처음엔 그저 예쁘기만 했는데 귀하니까 자꾸 비싸졌겠지. 또 비싸다 보니까 점점 예쁘고 귀해 보이기도 했겠고 말이야. 그렇지만 원래부터 그것 자체가 귀하고 덜 귀한 값어치가 매겨져서 지구에 생겨난 것이 아니란 말이야.

그런데 불쌍한 인간들은 금이 갖고 싶어서 뼈가 휘도록 일을 하고, 때로는 도적질까지 해 대지. 반짝이는 다이아몬드, 그 모래알만한 것 갖고 싶어서 온갖 짓거리를 서슴지 않고, 고작 그것 갖고 있다는 이유로 남 앞에서 뽐내는 유치한 짓을 한다네. 그걸 한마디로 말하면 무엇인지 아는가? 인류가 오랫동안 서로 공범이 되어 만들어 온 사기라는 거지, 사기말야! 그저 예쁜 쇳덩어리, 돌덩어리에다가 값을 매기고 그걸 점점 부풀려 온 거야. 결국 인간들은 허상에다가 가격을 매겨 놓고 거기에 목을 매고 살아온 거지. 허위의식으로 똘똘 뭉친 꼴이야. 가련하고 어리석기만 한 게 아니고 이건 나쁜 거야. 아주 나쁜 거지…….

그래서 이제는 그 '미친 굿판을 걷어치울' 때가 된 거야. 어떻게 그리 하느냐고? 바로 금을 '귀한 것'에서 해방시키는 거야. 아주 흔한 것으로 만들어 버리는 거지. 흔하디흔하게 만들어서 얼굴에도 금칠을 하고, 옷에도 칠갑을 하고, 집안 가구도 만들고, 벽지에도 벽에도 지붕에도 처바르는 거야. 아, 먹기도 하더군. 세 끼 밥 먹을 때 섞어 먹고, 금 변기 위에서 금 똥을 싸는 거야. 그리 되면 어찌 되겠나? 글자 그대로 온 세상 금값은 바로 똥값이 되겠지? 그리 되면 사람들은 허위의식을 벗고서, 자신들이 귀하게 여겼던 것이 허상이었음을 바로 깨닫게 될 것이야…….

그런 의미에서 과거 연금술사들은 대단히 의미 있는 일을 하려고 한 것이야. 물론 그들 또한 떼돈은 벌기 위해 금을 만들려고 했던 것이고, 절대로 금값이 똥값이 되지 않으리라는 믿음에서 만들었겠지만, 어쨌든 결과적으로 금값에 대한 환상을 깨는 일이 될 수도 있었으니 말이지. 그러나 불행하게도 연금술사들은 실패했어. 그 덕에 서양 화학은 엄청나게 발전했지만 말이야. 그래서 금에 대한 환상은 아직 여전해…….

아, 그래. 이제 본론으로 들어가자고. 그 짓거리가 하도 기가 막혀서 내가 수년에 걸쳐서 엄청난 연구를 했지. 무슨 연구냐고? 그렇게 묻는다면 지금까지 내가 침 튀기며 말한 것을 건성으로 듣고 있었다는 말이야. …… 그래, 바로 그거야. 연금술이야. 현대판 연금술이지. 아아, 놀랄 거 없어. 아니 놀라는 게 아니라 비웃는 것 같은데, 그래 뚜껑을 열어 보고 나서 비웃든지 놀라든지 하라고. 나는 가치에 대한 환상, 제 스스로 만들어 놓은 가치, 그것이 환상이라는 것을 깨주기 위한 위대한 일을 해냈지. 이제 인류는 오랜 미망에서 벗어나게 되었어. 드디어! 그래, 한마디로 말해서, 금을 합성해 내게 되었다 이

거야……."

장주는 여기까지 말하고는 물을 한 사발 들이켰다. 입가의 물기를 기세 좋게 훔치고는 의기양양하게 서 있는 장주의 눈에 모두들 입을 쩍 벌리고 있는 모습이 보였다. 장주는 스스로 감격해서는 콧구멍을 벌름거리며 어깨를 한껏 올리고 턱 버텨 섰다. 곧 이어 터져 나올 환호를 기다리면서.

그러나 사람들은 일시 정지 상태로 잠시 섰다가 다시 돌아가는 필름 속 그림처럼, 그저 심드렁하니 느릿느릿 제자리로 돌아가기 시작했다. 맹자는 아무 말도 없이 동동주를 한 잔 들이켰고, 김 기자와 손 기자는 메모장을 접어 넣고 젓가락을 다시 집어 들었다.

더욱이 발명연구소 젊은이들은 자리를 떠나 호연이와 백우와 함께 공을 차기 시작했다. 얀츕조차도 친구들과 모국어로 실컷 수다를 떨기 위해 자리를 떴다. 결국 또 환상 속의 뜬구름 같은 이야기로군, 하는 표정들이었다.

양주와 묵적과 공자만이 고개를 갸웃거리며 장주의 말을 곱씹고 있었다.

머쓱해진 장주가 그들을 쳐다보았다.

"그대들만이 나와 같이 진리를 논할 수 있겠군. 아, 진리의 세계가, 도의 세계가 바로 옆에 있는데도 외면하는 불쌍한 대중들이여!"

장주는 금세 우울해져서 한탄을 했다. 양주가 장주에게 말했다.

"그런데, 장주. 사람들은 원래 귀한 것에 열광하고 싶어 해. 그게 사는 재미라네. 나 같으면 말이야 자네처럼 하지 않을 거야."

"자네 같으면?"

장주는 관심을 가져 주는 양주가 고마워 반문했다. 양주가 점잖게 대답했다.

"나 같으면 사람들이 귀하게 여기는 것을 하루아침에 똥값을 만들 게 아니라, 그 가치는 그대로 내버려 두고, 내 스스로 부지런히 금을 만들어 낼 것이야. 그런 다음에 그 금을 가지고 내가 쓰고 싶은 곳에 실컷 쓰는 거지. 자네는 늘 입버릇처럼 헐벗고 굶주린 자네 친구들 얘기를 하면서 한탄하잖은가. 그러니 그 친구들을 위해 실컷 쓰게나. 자네 친구들은 행복하게 될 테고, 자네 또한 무한히 행복해질 거야. 금값이 여전히 비싼 값을 지니고 있어야 자네에게 이익이 될 테니, 무엇하러 금값을 똥값을 만든단 말인가? 나를 참모로 써 주게. 내가 자네와 자네 친구들을 얼마나 행복하게 해 줄 수 있는지 한번 보여……."

"우선은 자네의 행복을 위해서 왕창 쓰고 나서 말이지?"

양주의 말이 끝나기도 전에 묵적이 그의 말을 잘랐다.

"이크, 들켰군! 히히."

양주가 웃으며 동동주 사발을 들었다.

묵적이 크게 심호흡하더니 선언하듯 말했다.

"나는 장주의 말에 절대 찬성이야! 번쩍이는 장신구가 왜 필요해? 먼 옛날 그것은 부와 권력을 가진 자만이 누릴 수 있는 것이었겠지. 그 환상이 지금도 계속되고 있는 거야. 사치하는 인간들은 지금도 그런 유치하고 천박한 계급 의식을 갖고 있는 거야. 같은 시대에 태어나 같이 살다가 죽는 그 각별한 인연에 고마워하면서 서로 사랑하면서 살기에도 우리 삶은 벅차. 장주, 아주 잘했어. 금값을 똥값으로 만들어서 번쩍이는 장신구에 대한 환상을 깨부수고 검소한 것이 갖는 미덕을 알려 줘야 해. 내가 검소해야지 내 몫이 골고루 퍼지는 거야."

"아직도 여전히 양주와 묵적 자네들은 사사건건 의견이 어긋나는가. 자네 고집들은 정말 대단해……. 그건 그렇고, 그래, 장주. 대체 금을 어떻게 만들어 냈다는 말인가?"

공자가 심각한 어조로 묻자, 장주가 그의 옷소매를 붙잡으며 반색을 했다.

"그래, 역시 자네야말로 뭔가를 알고서 묻는 거로군. 금이란 놈은 말이야……."

"금은 이론으로야 만들 수 있지만, 아직 합성해 내지 못하고 있지 않은가. 어떻게……."

공자의 태도를 보고 다시 사람들이 모여들기 시작했다. 아예 말도 안 되는 일이라면 신중한 공자가 관심을 가질 리 없었기 때문이었다. 게다가 사실 꽤 오래전부터 천체물리학이니 소립자물리학이니 하는 데 빠져 있던 장주인지라, 이제 개론서 정도는 쉽게 읽을 정도의 지식을 갖고 있다는 건 다들 알고 있는 사실이었다. 요컨대 아주 맹탕은 아닐지도 모른다는 생각이 든 것이다.

장주는 여럿이 모여들자 신이 나서 목소리를 높였다.

"공자, 자네 말대로 아직 금은 누구도 합성해 내지 못했어. 그러나 몇몇 내 추종자들이 비밀리에 일을 벌인지 어언 삼 년, 놀라운 성과가 드디어 나왔다, 이 말이야. 물론 이 일의 자금과 관리는 나의 오랜 벗, 혜시가 해 왔어. 나는 귀하다는 것에 대한 인간의 환상이 얼마나 우스꽝스런 것인가……."

"아, 그 얘기는 그만하고 금을 어떻게 만들었는지부터……."

맹자가 장주의 말을 잘랐다. 장주가 고개를 끄덕였다.

"좋아, 좋아. 아주 간단히 핵심부터 얘기하지. 원래는 굉장히 어렵고 전문적인 얘기인데 그건 혜시와 같이 올 연구소 친구들이 해 줄 것이고, 내가 우선 간단히 설명하지. 세상의 원소는 말이야 원자핵과 그 주위를 도는 전자라는 것으로 되어 있어. 원자핵은 양성자와 중성자가 서로 단단히 붙잡고 있는 것이고. 숫자만 다를 뿐이지 구조는 다 같거든. 뒤집어 말하면 양성자와 중성자를 빼거나 더할 수 있다면 다른 원소가 된다 이거야. 아주 쉽고 단순하게 예를 들자면 이래. 수소는 양성자 수가 하나고 헬륨은 두 개거든. 그 둘을 합치면 양성자 수가 세 개인 원소가 되겠지. 그건 리튬이야. 아, 물론 이론적으로 그렇다 이거야. 아직 현대 과학 기술로 그런 연금술은 거의 불가능해. 외국의 연구소에선 그런 식으로 새로운 원자를 만들어 내기도 했다는데, 만들어진다 하더라도 불안정해서 금세 다른 것이 되고 만다는 군. 그런데 내 공학 센터 동지들에 의하면 수은을 베릴륨인가 하는 원소와 충돌, 합체시키면 금이 된다는 거야……."

"뭐 단순하게 생각하면 그럴 수 있다고 쳐도, 문제는 어떻게 충돌, 합체시키는가에 있지 않겠어요? 금을 만들어 내는 비용이 원래 금값보다도 더 들 수 있거든요. 게다가 그만한 실험을 할 만한 장비라면 국가적인 차원의 규모라야 하는데……."

발명연구소의 규가 의심스러워하는 표정으로 물었다. 옆에 있던 맹자와 양주와 묵적은 이야기에 빠져 든 듯 침을 꼴깍 삼켰다.

장주가 고개를 끄덕였다.

"물론 그렇지. 이론상으로는 가능하지만 문제는 효율과 비용이지. 그런데 이번에 우리 연구소 친구들이 드디어 비용을 획기적으로 줄이면서도 효과적으로 합체시키는, 그걸 연속적으로 이루어지게 하는 안정적인 기술을 완성했다는 낭보를 전해 오지 않았겠는가! 이건 엄청난 일이야. 이건 전 세계 과학계를 뒤흔들 만한 엄청난 사건이지. 이쯤 되면 노벨상이 우스운 거지."

장주가 감격에 겨워 소리를 높이자 모두들 반신반의하면서도 감탄을 해 댔다. 장주의 '간단한 설명'이라는 걸 이해하기는 힘들었지만, 어쨌든 대충 짐작만으로도 엄청난 얘기인 것 같은 느낌이 들었기 때문이다. 가래떡 뽑아내듯 금을 공장에서 마음대로 만들어 내는 세상이라니! 그래서 이제 더 이상 금이 금값일 수 없는 세상이라니!

그러나 공자는 계속 고개를 갸웃거렸다.

"외국의 큰 연구소도 못하는 일을 개인적인 작은 공학 센터에서 어떻게 해냈다는 것인지 도통 이해할 수가 없네, 나는……."

"이해하기 힘들 걸세. 이건 통이 큰 사람만이 할 수 있는 일이지. 애초에 아이디어는 내가 냈다네. 어느 날 혜시를 만난 자리에서 문득 떠오른 이 생각을 얘기해 줬는데, 혜시보다도 옆에 같이 있던 사람들이 무릎을 탁 치는 거야, 대단한 생각이라면서. 자기들은 공학 센터를 운영하고 있는데, 비밀리에 첨단의 물리학 연구를 하고 있었대. 아주 획기적인, 규모는 작아도 엄청난 속도를 낼 수 있는 새로운 입자 가속기, 그것을 만들고 있다면서, 자기네 연구와 아주 딱 맞는 주제라는 거야. 바로 그때 그 자리가 인류를 미망에서 건질 위대한 발견을 위한 연구의 시발처가 된 셈이지. 물론 이제까지는 혜시가 자기 전 재산과 여기저기서 끌어들이는 돈을 거의 다 쏟아 부어 가면서 진행된 일이야. 다행스럽게도 이렇게 빨리 성과가 나올 줄 누가 알았겠는가? 이제 혜시는 국제적인 유명 인사가 될 것이고, 그의 소망대로 걸출한 정치가가 될 거라네. 사람들은 이 철학적 의미를 두고두고 곱씹겠지……."

말을 마친 장주는 모두에게 건배를 권했다. 다들 저마다 한 소리씩 하면서 잔에 물과 술을 따랐다.

"이거 만약 진짜면 우리가 세계적인 특종을 때리는 건데요……."

"잘 모르겠지만 좀 오싹하니 흥분이 됩니다……."

김 기자와 손 기자가 호들갑을 떠니 덩달아 모두들 또 한 소리씩 해 댔다. 공자만이 마뜩잖은 얼굴로 계속 고개를 갸웃거렸다. 장주는 공자의 미심쩍어하는 얼굴을 흘깃 보았지만 여전히 흥분한 목소리로 떠들어 댔다. 맹자가 숟가락으로 탁자를 탁탁 두드리며 들뜬 분위기를 가라앉히려고 했으나 장주가 워낙 신이 나 있어서 쉽게 가라앉지 않았다.

맹자가 저마다 신 나서 떠드는 사람들을 잠시 바라보고 앉았는데, 갑자기 백우가 길 쪽으로 내달리기 시작했다. 그 뒤를 호연이 따라 달렸다. 백우는 소리에 민감했는데, 특히나 차 소리에 더욱 그러했다. 차만 보면 냅다 달려가는 백우를 잡기 위해 호연이 뛰고 있는 것이다. 잔치 마당에 모여 있던 사람들이 그 뒤를 하나둘 따르기 시작하더니 어느새 "혜시다!"고 외치며 떼 지어 달려갔다. 과연 굽은 길을 돌아 차가 한 대 급히 달려오고 있었다.

그러나 모두의 기다림대로 그것은 혜시가 탄 차가 아니었다. 차창을 내리고 손을 내젓고 있는 이는, 급한 일이 있어 못 온다던, 공자의 발명연구소 젊은이 '성은'이었다. 성은은 사람들이 떼 지어 내려갔는데도 속도를 낮추지 않고 운동장 가까이까지 그대로 차를 몰았다. 와, 하며 달려갔던 사람들은 또 한바탕 소란을 피우며 차를 따라 올라오느라 숨을 헐떡였다.

맹자가 젓가락을 던져 놓고 벌떡 일어섰다. 평소 침착한 성은이가 저렇게 서두르는 것을 보면 뭔가 다급한 일이 있는 것이라고 짐작했기 때문이었다.

모두들 궁금해 죽겠다는 표정으로 성은이의 차를 빙 둘러섰다. 성은은 잠시 머뭇거리더니 차에서 내렸다. 가뜩이나 곱슬머리인 그 머리카락이 철사 수세미처럼 엉켜 있었고, 핏기 없는 얼굴의 눈동자가 불안하게 흔들렸다. 누가 보아도 기쁜 소식을 전하러 오거나, 가볍게 나들이 온 것이 아니었다. 누구도 선뜻 나서서 뭘 묻지 못하고 있는 채로 잠시 시간이 흘렀다.

"못 온다더니 웬일이야……?"

발명연구소 동료인 환이 물었다.

"오다가 뭔 일 당했어? 아님 뭔 꼴을 봤는감?"

맹자가 성은의 옷매무새를 만져 주며 재차 물었다.

성은이는 여전히 멍한 표정으로 대답이 없었다.

이번에는 공자가 나서서 성은이를 잡아끌며 말했다.

"안 되겠다, 이리 와 앉아. 냉수라도 한 잔 마시고……."

심상찮은 표정에 놀란 사람들은 그제야 성은이를 부축해 자리에 앉혔다. 성은이가 두리번거리며 주위를 살피는데 아마도 장주를 찾는 듯했다. 장주가 앞으로 나섰다. 성은이가 장주를 멍하니 쳐다보더니 힘없이 손을 내저었다.

"다 거짓이래요. 사기당하신 거래요."

"무엇이?!"

외마디 비명을 지르는 장주의 몸이 벼락을 맞은 듯 꼿꼿해졌다.

성은이가 다시 입을 열었다.

"혜시 아저씨가 전하랬어요. 그놈들이 사기를 쳤다고……. 처음부터 혜시 아저씨 돈을 우려먹으려고 사기 친 거라고……. 감쪽같이 속아 넘어간 거라고요. 금은커녕 공학 센터에는 유독성 가스만 가득 차 있고, 놈들은 이미 튀었대요……."

"라, 라라라라, 이를 어째! 이를 어째!"

얀춥이 깁스한 장주의 팔을 붙잡으며 발을 굴렀다.

"농담, 아니지? 혜시가 장주를 놀래 주려고 농담하라고 시킨 거 아니지?"

맹자가 성은을 붙잡고 물었다. 그러나 그렇게 묻는 맹자의 목소리는 이미 장주의 절망을 대신한 듯 까칠하게 갈라져 있었다.

"애초에 황당한 계획이었어. 모두에게 알렸더라면, 아니 최소한 가까운 사람 몇에게만 알렸더라도 이렇게 단박에 당하지는 않았을 거 아냐? 혜시야 공명심에서 그럴 수 있다 치고…… 장주 자네는……."

공자는 더 말을 잇지 않았다. 지금 장주에게는 질책이 아니라 위로가 필요하다고 판단했기 때문이었다.

그러나 공자뿐 아니라 누구도 쉽게 위로의 말을 건네지 못했다. 그저 장주의 표정처럼 무겁고 어두운 분위기가 발밑에 깔리는 걸 느끼면서 한참을 말없이 서 있었다.

맹자가 크게 한숨을 쉬더니, 성은이와 장주의 어깨를 툭툭 치며 말했다.

"자, 어느 정도 예견되었던 일이니 그만들 놀라자고. 장주, 자네야 별로 손해난 것도 없잖은가. 단지 자네가 갖고 있는 저 뜬구름 같은 꿈 덩어리에서 귀퉁이 하나 잘린 것뿐 아닌가. 그만들 털어 내어……."

맹자의 말에 다 한마디씩 거들었다.

"그래, 그래. 사람이 생각이 너무 순수하다 보면 속기도 잘하는 법이야."

"떠들썩하게 발표하기 전에 터졌으니 오히려 다행이지, 뭐."

"그래……. 금은 금이고 금값은 여전히 금값이네 그려."

마지막 묵적의 말에 다들 근심을 털어 내듯 억지 웃음소리까지 만들어 냈다. 장주는 여전히 멍한 채로 앉아 있었다.

이번에는 양주가 성은이에게 물었다.

"그래서? 혜시는 오늘 못 오는 건가?"

맹자가 성은이 대신 혀를 차며 말했다.

"혜시가 무슨 정신이 있겠어. 일을 수습해야지. 돈 버리고 명예 버리고……. 정치판 뛰어들자마자 손실이 크구먼."

"그러게……. 정치판이란 데가 그렇다니까. 아, 이 일도 알고 보면 뭔가 선풍을 일으키며 정치판에 데뷔하겠다는 혜시의 욕심이 붙어서 커진 일 아니겠나."

"이참에 정치에 대한 욕심을 버리게 해야 돼."

이렇게 몇몇 대화가 오가는 소리를 듣고 있던 성은이가 신음 소리를 내며 손을 힘없이 내저었다.

"왜, 혜시가 충격으로 벌써 정치에 대한 꿈을 접기라도 했대?"

맹자가 성은의 표정을 살피며 물었다.

성은이는 고개를 푹 꺾으면서 세차게 흔들었다.

"그러실 필요가 없게 되었어요. 혜시 아저씨가 그만……."

성은이 말을 잇지 못했다.

"혜시가 그만, 뭐? 무슨 일이야?"

공자가 그답지 않게 벼락같이 소리쳤다.

"그만 뭐? 실성이라도 했다는 거야!"

"그만 뭐? 혈압이 올라 쓰러지기라도 했다는 거야!"

공자가 소리치는 통에 가슴이 덜컥 내려앉은 맹자와 장주도 따라서 소리쳤다.

성은이는 더 이상 말을 잇지 못하고 어깨를 들썩이며 흐느꼈다.

참다못한 장주가 성은이의 어깨를 붙잡고 흔들었다. 울먹이는 성은의 입에서 모두들 설마 했던 소리가 흘러나왔다.

혜시는 엄청난 연구 성과의 발표를 앞두고 많이 흥분했었다. 그는 아침 일찍부터 준비해서 친한 기자 몇을 데리고 하이테크 공학 센터로 갔다. 센터 사람들과 함께 이곳 잔치 마당으로 올 예정이었기 때문이었다.

그러나 혜시가 갔을 때 공학 센터는 텅 비어 있었고, 가운데 덩그러니 놓인 컴퓨터 모니터에는 '죄송합니다'라는 메시지만 커다랗게 떠 있었다. 혜시는 그럴 리가 없다고 소리치며 혼자 차를 몰고 어디론가 달려갔다. 아마도 떠나 버린 사람들을 찾아 나선 모양이었다.

한 시간여 뒤쯤에 인천 공항으로 가는 대로 어디쯤에선가 멈춰 선 차 안에서 운전대에 고개를 푹 쑤셔 박고 있는 혜시가 발견되었고, 그는 곧 병원으로 옮겨졌다.

혜시 부인의 전화를 받고 연구소에 있던 성은이가 부랴부랴 병원으로 달려갔을 때, 혜시는 성은에게 사기당했다는 말을 장주에게 전해 줄 것을 겨우 부탁하고는 이어 수술실로 실려 갔다. 그리고 얼마 안 있어서 의사들이 침통한 표정으로 나와 혜시의 죽음을 알렸다. 성은이는 그 길로 하염없이 울면서 여기까지 달려온 것이다.

갑자기 사위가 조용해졌다.

한 자락 한 자락 해가 기울면서 그늘이 지기 시작한 산골짜기도 조용하고, 불콰하게 취한 얼굴로 웃고 떠들던 운동장도 조용하고, 간혹 귀뚜리가 울던 잡초 밭도 조용하고, 지구가 도는 소리에 웅웅거린다던 하늘도 조용했다.

공자는 뒷짐을 진 채로 멍하니 숲을 쳐다보았고, 맹자는 맥없이 앉아 여전히 김이 오르고 있는 송편 솥을 물끄러미 바라보았다. 묵적은 아예 고개를 숙이고 굵은 눈물을 땅바닥에 뚝뚝 떨어뜨렸다. 안춥도 장주 옆에서 눈물을 훔쳤다. 라쥬가 주먹으로 눈물을 훔치면서 주섬주섬 잔칫상을 거두기 시작했다. 백우가 어쩔 줄 몰라 하며 그의 뒤를 따라다녔다.

장주가 고개를 들어 하늘을 쳐다보았다. 검은 구름장 같은 것이 하늘을 서서히 뒤덮고 있었다. 초점을 잃은 그의 눈길이 힘없이 허공으로 퍼져 나갔다. 그가 흐린 눈을 끔뻑여 보았다. 그의 머리 위로 수백 마리, 수천 마리의 검은 까마귀 떼 같은 것이 소리 없는 부리를 벌겋게 벌리며 날아올랐다.

"우아아악……!"

장주는 미친 듯이 소리를 지르면서 컴컴한 숲 속으로 달려갔다.

6. ‘잔치가 끝나다’ 원문 풀이

[1] 有朋自遠放來 不亦樂乎.『논어』

벗이 있어 먼 곳으로부터 오니 즐겁지 아니한가.

[2] 唯酒無量 不及亂.『논어』

술만은 일정한 양이 없으셨으되 어지러워지는 일이 없었다.

[3] 民食芻豢 麋鹿食薦 蝍蛆甘帶 鴟鴉耆鼠 四者 孰知正味…….『장자』,「齊物論」

사람은 소와 양, 개와 돼지를 먹고, 사슴은 풀을 뜯어 먹고, 지네는 뱀을 달게 먹고, 솔개와 까마귀는 쥐를 즐겨 먹는데, 이 네 가지 중에서 누가 바른 맛을 안다고 하랴?

훨훨

화장장으로 가는 버스 안은 내내 조용했다. 영안실을 출발하면서 버스 안에 묻어 들어온 검푸른 새벽 기운은 화장장에 도착할 때까지 사람들의 발치에서 차갑게 머물렀다. 허망함과 분노에 뒤섞여 꼬박 이틀 밤을 새운 조문객들은 피곤한 심신을 버스 유리창에 기댔다. 버스가 움직일 때마다 그들의 머리가 근육 없는 목에 얹힌 양 힘없이 흔들렸다.

혜시의 외동딸 '너울' 옆에는 맹자의 딸 호연이가 앉아 손을 주물러 주고 있었다. 유난스레 다정한 부녀 사이였던 너울은 아버지의 죽음을 차마 받아들일 수 없는지 자꾸만 몸이 뻣뻣하게 굳어졌다. 아직 고등학생인 너울에게 안겨진 충격의 크기는 쉽게 가늠할 만한 게 아니었다.

너울은 처음 영안실에서 상복을 입지 않겠다고 떼쓰며 옷고름을 뜯어내 집어던지기까지 했었다. 마치 남이 흉측한 거적을 강제로 씌우기나 하는 것처럼 두 팔과 다리를 내저으며 악을 써 댔다. 하지만 결국에는 상복을 입을 수밖에 없었는데, 남의 옷을 걸친 허수아비 모양으로 바닥에 털썩 주저앉아 눈물을 훔치는 모습에 다들 눈시울을 적셨다.

버스가 화장장에 도착하고 혜시의 관은 화장장 앞에서 마지막 인사를 받고 두꺼운 철문 안으로 들어갔다. 철문에 나 있는 작은 유리창 너머로 가스불이 당겨지는 것이 보였다. 이어 붉고 노란 불꽃이 세차게 일어나 모두의 얼굴에 일렁거렸다. 가족, 친구, 친지들이 서럽게 울었다. 너울이 으악 하고 소리를 마구 질러 대다가 탈진해 쓰러졌다. 누군가가 너울의 손가락 끝에 침을 놓아 주었다. 다들 안쓰러워 차마 더는 못 보고 건물 밖으로 나왔다.

저만치 떨어진 곳에 장주가 서 있었다. 산음에서 영안실로, 영안실에서 화장장으로 올 때까지 장주는 입술을 꽉 다문 채 말이 없었다. 평소 쉴 새 없이 쏟아 내는 그의 말에 익숙한 사람들은 그런 그의 모습이 영 낯설었지만, 이 또한 이해를 못할 것은 아니었다. 서로가 서로에게 트집을 잡으면서 말씨름이나 해 대기 일쑤였지만, 그래도 둘은 역시 가장 친한 동무 사이가 아니었던가. 단짝을 잃은 충격이 장주의 입을 닫게 했을 것이라고 짐작하는 것은 어렵지 않았다.

장주의 어깨가 조금씩 흔들리는 게 보였다. 몇몇이서 장주를 위로하려고 발걸음을 옮겼다.

그런데 가까이 다가가면서 보니까 장주의 어깨가 흔들리는 것은 흐느낌 때문이 아니었다. 흐느끼기는커녕 뭔가를 흥얼거리며 물결치듯 이리저리 어깨를 흔들고 있는 것이다.

"아니, 저 사람이. 지금 춤을……?"

맹자가 놀라 소리치다 말고 남들이 들을세라 제 손으로 제 입을 틀어막았다.

"설마, 춤을……."

얀츕 역시 말을 하려다 끊었다.

맹자가 손을 내저으며 달려갔다. 밖에 섰던 일행이 모두 맹자를 따라 달려갔다. 장주가 맨 정신으로 춤을 추고 있더라도 말려야 했고, 슬픔으로 실성했다 하더라도 말려야 했다.

맹자는 서둘러 장주를 붙잡아 끌고 화장장 뒤에 있는 숲 속으로 들어갔다. 설마 했는데 장주의 입가에는 미소까지 흐르고 있었다. 장주의 친구들에게 그 미소는 이미 한 번 보아 익숙한 것이었다. 오륙 년 전에 장주의 아내가 세상을 떠났을 때 보았던, 모두를 경악케 했던 바로 그 미소였던 것이다.

장주의 아내가 홀연 죽었다.

쌀쌀한 날씨에 마른 눈이 폴폴 날리는 초겨울이었다. 영안실은 날씨만큼이나 휑했다. 장주네 빈소에만 불이 켜 있을 뿐 다른 빈소들은 모두 텅 비어 컴컴했고, 조문객도 가까운 친척 몇 명만 앉아 있을 뿐 단출했다.

같이 간 친구들과 함께 혜시가 옷깃을 여미며 서둘러 빈소로 들어서는데 이상한 소리가 들려왔다. 설마 하며 귀까지 후벼 봤지만 분명히 이상한 소리가 들려오고 있었다. 누군가가 나오다가 멈칫하는 혜시를 흘깃 보더니 말했다.

"충격이 컸나 봐요……."

혜시가 숨을 한 번 크게 쉬고는 빈소로 들어갔다.

장주가 있었다. 그런데 엉뚱하게도 그는 관 옆에서 박자에 맞춰 동이를 두드려 가며 노래 비슷한 것을 흥얼거리고 있었다.

얇은 유리 항아리가 부서졌네, 부드러운 망치질로. 아, 이제는 먼 벌판 차가운 천막 위에 서리 되어 앉았다가, 지친 말 허연 입김을 따라 밤하늘에 반짝이리…….

노랫말은 구슬픈 것도 같은데, 가만히 노래 부르는 장주의 표정을 보아하니 전혀 슬픈 얼굴이 아니었다. 혜시가 장주의 손에서 동이를 빼앗아 한구석으로 내팽개치며 나무랐다.

"이 인간아, 같이 살아온 세월이 몇 해인가. 슬피 통곡하지 않는 것은 그렇다 치고, 노래까지 부르는 건 너무 심하지 않아? 미친 게 아니라면 이러면 안 되지."

장주는 허허, 웃더니 기막혀 하는 혜시를 붙잡아 앉혔다.

"난들 처음 아내의 죽음을 맞닥뜨려 왜 슬프지 않았겠나? 그런데 가만 생각해 보니 이건 슬퍼할 일이 아니라 이걸세."

"점점 정신 나간 소리를 하고 있네. 아내가 죽었는데 슬퍼할 일이 아니라니?"

"잘 들어 봐. 생명이 처음 생겨날 때를 보자면 본래 삶이란 게 없었단 말이야. 삶이란 게 없을 뿐만 아니라 본래 형체도 없었지. 또 형체란 게 없었을 뿐만 아니라 '기(氣)'도 본래부터 없었다 이거야. 혼돈 속의 우주에 아득하니 퍼져 있다가 변하고 모여서 기란 것이 생기고, 기가 변해서 형체가 되고, 형체가 변해서 삶이 있게 된 거야. 이제 그 삶에서 또 변해서 죽음이 된 것이니, 이것은 봄, 여름, 가을, 겨울 사계절의 순환과 같은 거라고 할 수 있지. 뭉친 것이 풀려져서 이제 거대한 방에서 편안히 누워 있는 셈인데, 그런데도 내가 소리치며 대성통곡을 한다고 하세. 이건 내가 천명을 모른다는 거 아니겠나? 그래서 슬퍼하기를 그쳤다네."[1]

말을 마친 장주는 다시 동이를 집어 올리더니 태연히 노래를 이어 갔다. 입가에는 미소가 넘쳐 났다. 혜시는 슬픔을 가리려는 억지 웃음이라고 굳이 믿고 싶었지만, 그러기에는 장주의 웃음이 너무나 가벼웠다.

장주의 그 노래와 미소는 한동안 사람들 입에 오르내렸다. 평소 그의 기행과 기언을 못마땅해하는 이들은 그를 욕하느라, 그렇지 않은 사람들은 그가 지닌 기인 풍모를 확인하고 감탄하느라 입방아를 찧었다. 그런데 이제 그때 놀라고 당황해 하던 바로 그 사람, 혜시의 시신 옆에서 그때의 미소를 다시 보이고 있는 것이다. 다른 게 있다면 그때는 노래와 함께 동이를 두드렸고, 지금은 어깨춤을 추고 있다는 점이었다.

“이 친구, 드디어 실성한 거야. 어쩌자고 초상집에만 가면 노래 타령, 춤 타령이야…….”

맹자가 장주의 등짝을 쥐어박으며 눈을 흘겼다. 공자도 점잖게 한마디 하고 나섰다.

“자네 생각이 아무리 그렇다 해도 슬픔에 몸을 못 가누는 사람들도 있는데 예서 춤까지 춰서야 되겠나?”

공자의 말에 다시 맹자가 따지듯 물었다.

“대체 장주, 자네의 생각이란 게 뭔데 이러는 거야?”

장주가 씩씩거리는 맹자의 얼굴을 잠시 들여다보더니 결론을 내리듯 한마디 던졌다.

“삶이란 감나무 가지에 매달린 감 같은 거야. 감이 거꾸로 매달렸다가 꼭지째 풀려나는 것처럼, 삶이란 것도 몇 십 년을 거꾸로 매달렸다가 다시 영겁의 세월 속으로 풀려나는 거지.”

맹자가 진저리를 치며 화를 냈다.

“여태 조용하다 싶더니 또, 또 그 헛소리. 혜시 부인이나 너울이 들으면 아아주 좋아할 게다, 엄청 위로가 되어서…….”

맹자가 옷자락을 툭툭 털고 화장장 안으로 들어가 버렸다. 그러나 안춥을 비롯한 나머지 사람들은 계속 엉거주춤 서 있었다. 장주의 말에 전폭적으로 공감하는 것은 아니지만 장주가 어쩐지 불쌍해 보인 것이다. 슬픔을 중화시키려는 그 노력은 왠지 처연해 보였다.

"감으로 달려 있는 순간이 감이 아닌 시간보다 못하다는 말인가? 난 감으로 달려 있는 그 찬란한 순간이 영겁의 시간을 합친 것보다 훨씬 의미 있는 것 같은데."

양주가 슬그머니 끼어들면서 반박했다. 옆에 있던 묵적도 고개를 끄덕였다.

공자가 타이르듯 조곤조곤 말했다.

"자넨 그리 생각하는 게 자연스러운가? 난 아닐세. 어차피 우리는 지금 우리가 살고 있는 이 순간을 전부인 것처럼 느끼고 사는 존재야. 내가 아닌 순간은 겪어 보지 않았으니 알 수 없고……. 알 수 없는 부분에 대해선 말하지 않는 게 바른 태도 아니겠나? 어차피 나의 생각은 나를 떠나서는 있을 수 없으니, 내가 살아 있는 동안의 내 삶이 곧 우주의 전체와 맞먹는 의미가 되는 거지. 이 안에 충실히 살면서 같이 살아 주는 사람들을 고맙게 생각하는 것이 오히려 자연스러운 게 아니겠나?"

듣고 있던 이들이 모두 그렇지, 그렇지 하면서 고개를 끄덕였다.

이제는 장주가 대답할 차례였다. 장주의 긴말이 이어졌다.

"자네 말이 당연히 옳지. 지금의 삶은 소중해. 다만 백 년 미만 동안 인연을 맺는 자기 삶에 너무 집착하다 보면 더 큰 것, 더 넓은 것, 더 오랜 것, 더 영원한 것을 잊는다 이 말일세. 어느 순간도 특별하지 않은 순간이 없지만, 어느 순간만 특별한 것은 아니야. 우연한

한 순간에 맺혀 있는 것에 너무 집착하면 눈멀고, 귀먹고, 감각도 삐뚤어지고, 생각도 삐뚤어지는 법이라네. 자꾸 좁아지는 거지. …… 여기 아주 긴 끈이 있네. 중간에 매듭이 하나 만들어졌는데 자기가 아주 예쁜 매듭이라고, 그건 결코 끌러지지 않는 것이라고 고집하고 있다는 거야. 끄르면 어찌 되는가? 그냥 하나의 긴 줄로 돌아가겠지? 매듭이라고 고집하고 있는 동안은 꼭 조이고 구부러지고 한 것을 참고 사는 거야, 사실은. 매듭이 끌러지면 아무런 조임도 구김도 없어지지. 평온해진다 이 말일세. 그러니 매듭이 끌러지는 걸 두려워할 필요가 없다는 말이지. 이젠 내 말이 무슨 뜻인지 알겠지? ……생명이란 어느 때가 특별하고 어느 때가 특별하지 않은 때가 없어. 때마침 이 세상에 태어난 것은 우연히 태어날 때였기 때문이고, 때마침 세상을 뜬 것도 우연히 갈 때가 되었기 때문이야. 그러니 태어나는 때도 죽는 때도 편안히 맞이하고 따라야 할 것이니 슬픔이나 즐거움 따위의 감정을 마음에 둘 필요가 없는 거야. 그래서 '꼭지에 거꾸로 매달렸다가 풀려난 것'이라고 하는 거야. 잠시 살다가 영원한 곳으로 돌아가는 것을 일러서 하는 말이지."[2]

"그래서 자네는 진실로 슬픈 감정이 하나도 안 일어난다…… 말인가?"

양주가 믿기지 않는다는 표정으로 따져 물었다.

장주가 입가에 엷은 미소를 지으며 대꾸했다.

"내가 하나 묻지. 자네는 어째서 울었는가? 혜시를 위해서 울었겠지?"

"물론 그렇지. 자기 꿈을 이루기 전에, 사랑하는 사람들하고 졸지에 헤어진 걸세. 재미나게 자기 삶을 마음껏 누려 보지 못하고 죽어 버렸네. 어찌 그를 위해 울지 않을 수 있겠나?"

그의 말에 마음 약한 묵적이 다시 복받치는 듯 눈물을 찍어 냈다. 장주가 묵적을 물끄러미 바라보다 한숨을 한 번 쉬고는 다시 말을 이었다.

"내 말을 잘 들어 봐. 남의 죽음이 머리 풀어 헤치고 악을 쓰고 슬퍼할 만큼 그렇게 처절하게 슬프고 무서운 일이라면, 또 나의 죽음도 그렇게 슬프고 무서운 일이 되겠지? 그러나 죽는 이의 입장에서 보자고. 죽은 다음에도 죽은 이에게 슬픔이 계속 이어지는가? 그럴 리가 없지. 죽는 순간에 이미 모든 슬픔과 분노에서 해방되어 버리는 거야. 그렇다면 슬프고 분한 것은 그가 살아 있는 동안에 그의 육체에 잠시 머무는 감정이라는 말이 되지. 태어나기 이전과 죽음 이후에는 슬픔도 즐거움도 없어. 그러니 우리가 슬피 우는 것은 죽은 이를 위해서가 아니라는 말일세. 단지 그와 헤어진 우리 마음이 아쉬워 우는 거지. 그러니 우리 마음은 우리가 추스르면 되는 거고, 죽은 이는 원래의 큰 흐름 속으로 다시 돌아가 쉬면 되는 거야. 이미 슬픔이 없는 사람을 위해 슬퍼하는 것은 어리석은 일이네."

양주는 장주의 말이 끝나자마자 슬며시 공자의 옷깃을 잡아끌면서 물었다.

"자, 장주의 말에 자네도 공감하는가? 아니 그보다, 자네도 친구의 죽음에 장주처럼 태연할 수 있는가?"

공자는 양주의 물음에 대답하는 대신에 장주의 등을 가볍게 쓰다듬었다.

"장주, 이제 그만 하고 나하고 어디 가서 차나 한잔 하세."

장주가 공자를 향해 미소를 지어 보였다.

그렇지만 양주가 그들을 붙잡고 늘어졌다.

"아니, 공자. 말 좀 해 보라니까? 자네도 장주 말처럼 마음이 편안할 수 있단 말인가?"

공자가 이번에는 양주의 등을 툭툭 치면서 말렸다.

"지금 여기서 굳이 그런 걸 따져서 뭘 하겠나? 각자 자기 마음 가는 대로, 마음에서 우러나는 대로 하면 되는 걸세."

그 말에 고무되었는지, 양주가 장주를 비꼬듯 말했다.

"자연스럽게 살아야 한다고 말하면서 정작 본인은 자연스런 감정을 무시하고 있어. 입버릇처럼 도를 닦는다고 하더니, 도사들은 다 자네같이 감정 없는 인간이 되는가."

말을 마친 양주는 고개를 흔들며 일어나 터벅터벅 자리를 떴다. 다른 이들도 모두 슬슬 자리를 떠 간이매점으로 향했다. 혹시 시비라도 벌어지려나 하는 표정으로 힐금거리던 매점 주인이 익숙한 솜씨로 부지런히 인스턴트커피를 타 내기 시작했다.

장주는 잠시 흙이 묻어 지저분한 자신의 신발코를 내려다보더니 이리저리 거닐면서 혼잣말을 중얼거렸다.

"진리를 깨친 사람은 산다고 기쁘고, 죽는다고 싫지도 않아. 태어났다고 기뻐하지도 않고 죽음을 거부하지도 않으니 홀가분하게 세상을 떠나고, 가볍게 세상에 태어날 따름이야. 내 삶이 시작된 곳을 잊지는 않지만, 그렇다고 해서 내 생이 끝나는 곳을 구태여 알려고 하지도 않아. 그저 생명을 받아서는 그대로 기쁘게 살고, 생명을 잃게 되어서는 대자연으로 돌아가 살면 그뿐이지. 무슨 이유가 있어서 살게 된 것일까, 무슨 이유가 있어서 죽게 된 것일까 그런 이유란 없는 것이니 알려고 할 필요도 없다네……."[3]

안춥이 정신 나간 사람처럼 이리저리 거니는 장주의 등을 안쓰러워하는 표정으로 한참을 쳐다보는 동안, 장주는 계속 중얼거리며 길도 없는 숲 속으로 비척비척 걸어 들어갔다.

공자도 눈길로 장주를 좇으며 생각에 잠겼다. 눈물 한 방울 없이 노래 부르고 주절주절 떠들 수 있는 마음의 평화는 어디에서 나온 것일까…….

공자는 한숨을 푹 내쉬며 하늘을 올려다보았다. 빠른 해거름이라 해는 벌써 아침의 붉은 기를 걷어 내고 하얗게 솟아 있었다. 날씨가 좋을 모양이었다. 파란 하늘 위에 미풍이 부는 듯 간간이 엷은 구름이 뜯겨져 날아갔다. 그 하늘 한쪽 까마득히 높은 곳으로 잿빛 날갯죽지를 편 새 몇 마리가 날아올랐다.

"후이, 후이! 훨, 훨, 훨……!"

갑자기 숲에서 거친 외침 소리가 들려왔다. 이어 땅바닥에 내려서는 독수리인 양 두 팔을 활짝 벌린 장주가 나타났다. 모두들 깜짝 놀라 그저 바라보기만 하는데, 장주가 팔을 휘적휘적 내젓고 펄쩍펄쩍 뛰면서 소리쳤다.

"저기 좀 봐! 저기, 저어기 좀!"

장주는 높이 솟은 화장장 굴뚝을 가리켰다. 굴뚝에서 흰 연기가 흘러나와 파란 하늘 속으로 스며들 듯 흩어지고 있었다.

장주는 손나발을 하고서 허공을 향해 소리쳤다.

"혜시야, 혜시야! 너 참 잘 가는구나. 너 참 좋겠다~!"

이어 그는 주변에서 말릴 새도 없이 덩실덩실 춤을 추며 노래하기 시작했다.

"저기, 저어기 혜시가 흩어져 가네. 내 친구였던 혜시가 훨훨 흩어져 가네. 훨훨……. 다 풀어헤치고, 다 떨쳐 버리고, 가볍게 흩어져 가네. 훨훨……."

몇몇이서 장주를 말리러 뛰어가려는데, 문득 건물 문이 열리면서 안에 있던 사람들이 나왔다. 혜시 처가 맹자의 부축을 받고 쓰러질 듯 걷는 가운데, 너울이가 가슴에 흰 종이로 감싼 유골함을 들고 천천히 걸어 나왔다.

장주의 팔이 허공에서 잠시 정지했다. 장주는 춤을 추다 말고 너울이의 가슴에 안긴 상자를 물끄러미 쳐다보았다.

맹자가 눈물을 훔치며 말했다.

"여기 혜시가 들었어……."

장주가 천천히 다가와 상자에 손을 얹었다. 상자는 아직도 불기운이 남아 따뜻했다. 장주는 상자에 손을 댄 채로 잠시 그대로 있더니, 갑자기 몸을 홱 돌리며 두 팔을 펼쳤다. 맹자는 한순간 어지럽게 허공을 헤집는 장주의 눈동자를 보았다. 실핏줄이 터진 장주의 눈가에는 말갛고 붉은 눈물이 고여 있었다. 맹자의 가슴도 고무줄에 튕긴 것처럼 맵고 아파왔다.

그날 이후로 장주는 한동안 소식이 없었다.

사람들은 그가 갑자기 소식을 끊은 것이 처음이 아니었으므로, 어디선가 어찌어찌 지내다가 또 어느 날 갑자기 나타날 것이라고 짐작했다. 다만 친구의 죽음에다 사기까지 당하고 떠난 길이라 혹시나 하는 걱정이 없는 것은 아니었다. 특히 장주를 오빠처럼, 친구처럼 의지하던 얀춥은 한동안 주점에 들어오는 손님 발자국 소리에도 깜짝깜짝 놀라며 쳐다보곤 했다.

한 해쯤 지나서야 얀춥의 친구들에 의해 장주의 소식이 전해졌다. 얀춥의 친구들을 포함해서 떠돌이 생활을 하던 몇몇 사람들이 장주와 같이 시골에서 마을을 이루고 살고 있다고 했다. 소식을 들은 뒤부터 얀춥은 더 이상 손님 발자국 소리에 놀라지 않았고, 표정에서는 예전과 같은 평온함이 넘쳤다. 이후로도 얀춥은 종종 장주의 소식을 듣는 것 같았지만 별로 내색하지는 않았다. 그저 가끔 소식을 전해 듣는 것만으로도 족한 듯했다.

맹자는 절친한 친구인 자신에게 소식을 전하지 않고 얀츕을 통해 근황을 듣게 하는 장주의 처사가 좀 괘씸하기는 했지만, 그 역시도 장주가 이리 치이고 저리 치이는 서울살이를 청산하고 시골에서 작은 마을을 이루고 살고 있다는 것만으로도 너무나 고마웠다.

7. '훨훨' 원문 풀이

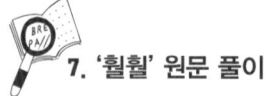

[1] 莊子妻死 惠子弔之 莊子則方箕踞 鼓盆而歌 惠子曰 與人居長子 老身死 不哭亦足矣 又鼓盆而歌 不亦甚乎 莊子曰 不然 是其始死也 我獨何能無概然 察其始而本無生 非徒無生也 而本無形 非徒無形也 而本無氣 雜乎芒芴之間 變而有氣 氣變而有形 形變而有生 今又變而之死 是相與爲春秋冬夏 四時行也 人且偃然寢於巨室 而我噭噭然隨而哭之 自以爲不通乎命 故止也. 『장자』, 「至樂」

장자의 아내가 죽어서 혜자가 조문을 갔더니, 장자는 다리를 뻗고 주저 앉아 동이를 두드리며 노래를 부르고 있었다.
혜자가 말했다. "함께 살면서 자식까지 키우고 늙어가다가 죽었는데, 곡을 하지 않는 것은 그렇다쳐도 동이를 두드리며 노래를 부르는 건 너무 심하지 않은가?"
장자가 대답했다. "그렇지 않아. 이 사람이 처음 죽었을 때에는 나도 어찌 슬프지 않았겠는가마는, 그 삶의 처음을 살펴보았더니 본래부터 삶이 없었다. 삶이 없었을 뿐만 아니라 본래 형체도 없었고, 형체가 없었을 뿐만 아니라 본래 기운조차 없었다. 황홀한 가운데 섞이고 변화하여 기운이 나타나고, 기운이 변화하여 형체가 이루어지고 형체가 변하여 삶이 이루어졌다가 지금 또 변화해서 죽음이 되었으니, 이것은 봄여름가을겨울이 이어가며 사시가 운행하는 것과 같다. 저 사람이 천지의 크나큰 집에서 편안히 쉬고 있는데 내가 시끄럽게 떠들면서 울어댄다면, 내 스스로 천명을 알지 못하기 때문이라는 생각이 들었네. 그래서 그만두었지."

[2] 適來 夫子時也 適去 夫子順也 安時而處順 哀樂不能入也 古者謂是帝之懸解 ……. 『장자』, 「養生主」

(사람이) 때마침 이 세상에 온 것은 태어날 때였기 때문이고, 때마침 세상을 떠난 것은 갈 때였기 때문이니, 태어나는 때를 편안히 맞이하고서 떠날 때를 편안히 따르면 슬픔이나 즐거움이 그 마음에 들어갈 수 없다. 옛날에 이것을 일러 '꼭지에 거꾸로 매달렸다가 풀려난 것'이라고 했다…….

[3] 古之眞人 不知說生 不知惡死 其出不訢 其入不距 翛然而往 翛然而來而已矣 不忘其所始 不求其所終 受而喜之 忘而復之 是之謂不以心損道 不以人助天 是之謂眞人. 『장자』, 「大宗師」

옛날 '진인'은 삶이라고 기뻐할 줄 모르고 죽음이라고 싫어할 줄도 몰랐다. 태어남을 기뻐하지도 않고 죽음을 거부하지도 않아서 홀가분하게 떠나고 홀가분하게 태어날 따름이다. 자신의 삶이 시작된 곳을 잊지 않지만, 그렇다고 그 끝나는 곳을 알려고 하지 않아서, 생명을 받아서는 그대로 기뻐하고, 생명을 잃게 되어서는 자연으로 돌아간다. 이것을 일컬어 마음으로 도를 손상하지 않고, 억지로 사람의 힘으로 자연의 운행을 조장하지 않는다고 하니, 이런 이를 일어 '진인'이라고 한다.

무하유지향(無何有之鄕)에서 생긴 일

∞

"야, 저것 좀 봐!"

"저게 진짜로 주렁주렁 달렸네!"

김 기자가 소리치며 손가락질을 한 곳에는 묘하게 생긴 조롱박들이 주렁주렁 달려 있었다. 늦은 가을볕에 박들이 뽀얗게 빛났다. 손 기자가 서둘러 카메라를 꺼내 셔터를 눌러 댔다.

"이게 이른바 '무하유마을표 소박(素朴)'이란 말이지?"

김 기자가 찬탄하며 조롱박 하나를 잡고 이리저리 살펴봤다.

역시 듣던 대로 박은 참으로 신기하게 생겼다. 늘 보던 것처럼 늘씬하게 빠진 호리병 모양이 아니었다. 처음에는 그저 울퉁불퉁하게 생겼거니 했는데 뒤집어 세워 보니 영락없이 사람 얼굴 모양이었다. 그것도 묘하게 주름이 져서 눈, 코, 입, 귀며 머리카락 모양까지 다 갖추어 있었고, 게다가 웃고 있기까지 했다. 그것들이 덩굴에 매달려 있는 모습은 마치 거꾸로 조롱조롱 매달린 얼굴들이 하늘을 향해 까르르 웃고 있는 듯했다.

게다가 가만히 보니 '소박'의 얼굴들은 다 달랐다. 어떤 것은 동그란 아기 얼굴 같고, 어떤 것은 뾰족한 할머니 얼굴 같고, 어떤 것은 넙데데한 남자 얼굴 같고, 어떤 것은 선웃음을 흘리고 있는 여인 같았다. 마치 진시황의 무덤에서 나온 토용(土俑)처럼 '소박'들의 얼굴은 조금씩 다 달랐는데, 공통점은 모두 다 웃고 있다는 것이었다.

김 기자와 손 기자는 서로 자기를 닮은 박을 찾아내려고 여기저기 뒤지다가 자신이 아는 얼굴을 닮은 박이 나타날 때마다 배꼽이 빠지게 웃어 댔다.

"'대박이 난 소박'이라고들 하더니, 실제로 보니 더 신기하네."

"장주님이 크게 사기당하고 영 주저앉나 했더니 크게 대박 한번 치시는군."

그때 돌담 뒤에서 가무잡잡하고 작은 얼굴이 나타났다. 손짓해 부르니 예닐곱 살쯤 먹어 보이는 아이가 뒷짐을 진 채 슬슬 다가왔다. 그 모습이 앙증맞았다. 한적한 시골 마을에서 사람을 만난 것이 반가운 두 기자는 그 아이에게 어른들은 어디 갔느냐 물었다. 아이는 대답 대신 손가락으로 들판을 가리켰다. 눈을 가늘게 뜨고 바라보니 야트막한 언덕 모퉁이 벌판에서 일하고 있는 사람들이 보였다.

"얘야, 너 혹시 장주 아저씨라고 아니?"

김 기자의 물음에 아이는 반갑게 대답했다.

"아, 장주? 알아."

"장주라는 친구가 있나 보구나. 어린애 말고, 어른, 어른 장주 아저씨 말이야."

아이가 그냥 '장주'라고 하는 게 이상하다 싶은지 손 기자가 다시 고쳐 물었다.

아이는 씩 웃으며 다시 힘주어 말했다.

"장주, 이리 내려와."

"장주님이 이리 내려온다고?"

김 기자가 내처 물었다. 아이는 크게 고개를 끄덕였다. 두 기자는 서로 얼굴을 마주 보았다. 과연 장주가 살기는 사는 모양이었다. 그렇다면 곧 어언 삼 년여 만에 장주를 만날 수 있을 것이었다. 그동안 장주가 어떻게 지냈는지, 또 이 시골구석에서 무슨 일이 벌어졌는지 자세히 들을 수 있을 것이었다.

마음이 편해진 두 사람은 느긋이 담장 밑에서 해바라기를 하며 장주를 기다렸다.

"그런데 넌 커서 뭐가 되고 싶어?"

조금 무료했던지 손 기자가 아이에게 물었다.

아이는 눈을 끔벅이며 대답했다.

"종이비행기."

"종이비행기? 종이비행기가 되고 싶다고?"

손 기자가 되물었다.

아이의 대답은 마찬가지였다.

"종이비행기가 되고 싶어."

"아, 비행기 조종사가 되고 싶은가 보구나. 그렇지?"

이번에는 김 기자가 고쳐 물었다.

아이는 고개를 저었다.

"비행기 조종사 아니야. 종이비행기야."

단호한 아이의 대답에 두 기자는 잠시 머릿속이 복잡해졌다. 아이는 장래 희망이 종이비행기가 되는 것이 분명한 듯했다. 그렇다면 이 아이는 장래 희망이라는 것이 무슨 뜻인지 잘 모르는 건 아닐까. 아니면 비행기가 갖고 싶다는 말은 아닐까…….

"험, 험……. 그건 그렇고, 너 좀 춥지 않니?"

손 기자가 헛기침을 하고는 아이에게 또 물었다. 제 뜻을 충분히 이해하지 못한 것을 아이가 알아챌까 봐 슬그머니 걱정이 되어 얼른 말머리를 돌린 것이다. 아이는 삽상한 가을바람을 견디기에는 좀 얇은 듯한 반팔 웃옷을 걸치고 있었다.

아이는 또 씩 웃으며 대답했다.

"그래서 꼬옥 안고 왔어."

"꼬옥? 뭘 꼬옥 안고 왔어? 강아지?"

"두 팔로 내 몸을 꼬옥 안아 주면서 왔지."

아이가 제 두 팔을 펼쳤다가 자기 몸을 접듯이 꼭 감싸 쥐면서 대답했다.

아, 하고 두 기자는 작게 탄식했다. 뭔지 아이에 비해 자신들은 너무 세속적인 질문을 하는 것 같았다. 둘은 그냥 아, 아, 하면서 고개만 주억거렸다.

그때 돌담 너머에서 갑자기 귀에 익은 목소리가 들려왔다.

"오만 잡소리에 때가 낀 귀로는 무슨 말인지 통 못 알아듣겠지?"

두 기자는 화들짝 놀라 뒤를 돌아봤다. 장주였다. 별로 달라진 것은 없고 머리칼만 조금 더 셌을 뿐이었다. 장주는 환하게 웃으며 휘적휘적 다가왔다.

"장주 니임~!"

두 기자는 반가운 마음에 두 팔을 벌려 부둥켜안았다.

"오랜만에 보니 반갑지?"

장주가 껄껄 웃으며 물었다. 과연 그랬다. 종종 소식을 궁금해하기는 했어도 그렇게 애틋하게 그리운 것은 아니라고 생각했는데, 막상 만나고 보니 그동안 깔려 있던 그리움의 자락이 저도 모르게 쫙 펼쳐지는 것 같았다.

"우리 민기가 커서 종이비행기가 되고 싶다는데, 그게 이상해?"

장주가 빙글거리며 물었다.

"아니, 그게요 파일럿이 되고 싶은 걸 그렇게 말하는 건지……."

김 기자가 머리를 긁적이며 대답했다.

장주가 다시 말했다.

"나한테 한번 물어봐, 똑같이."

김 기자가 얼떨떨해하며 시키는 대로 그렇게 물어봤다.

장주가 저만치 앞에 있는 바위를 바라보며 대답했다.

"나는 이다음에 바위가 되고 싶어. 푸르게 이끼가 자라는 저 너럭바위 말이야. 예전에는 저 컴컴한 숲 속에 버티고 서 있는 나무가 되고 싶은 적도 있었지. 작은 종이배를 싣고 물굽이 치며 내달리는 한 바가지쯤 되는 물이 되고 싶기도 하고, 무지개 끝 간 데 있다는 영험한 샘이 되고 싶기도 하고. 습지에 자라는 부들 속을 채우고 숨어 있다가 가을이면 거품처럼 폭 터져 나오는 솜덩어리 같은 게 되고 싶기도 했지. 그래서 그 속에 둥지 틀고 있던 장끼며 까투리들을 깜짝 놀라게 해서 튀어 날게 하면 얼마나 재밌겠어……. 그래, 이제도 진심으로 바라는 게 종이비행기인 게 이해가 안 가는가? 비행기를 모는 사람, 비행기를 가진 사람은 비행기가 좋은 것인가, 아니면 비행기를 소유하는 사람이 되는 게 좋은 것인가? 민수는 진짜로 비행기가 좋은 거야. 그래서 종이비행기가 되고 싶은 거야. 갖고 싶고 부리고 싶은 게 아니라 그 자체가 좋은 거지."

"아, 이제 조금 알겠어요, 무슨 뜻인지."

손 기자가 크게 고개를 끄덕였다. 장주가 말을 이었다.

"사람도 마찬가지야. 진짜로 아랫동네 순이가 좋은 돌이는 순이가 좋은 건가, 순이를 차지하고 싶은 건가? 순이가 좋다면 절대 순이를 차지하려고 하면 안 돼. 순이를 가지고, 순이를 자기 맘대로 만들고, 순이가 자기만 바라보게 하고 싶겠지. 그건 순이를 좋아하는 게 아냐. 순이를 가진 자기 자신을 좋아하는 거지. 순이가 정말 좋으면, 자기가 순이가 되어야 하는 거야. 돌이가 순이가 되어야 하는 거라고. 그게 진짜로 좋아하는 거야. 제일 좋은 것은 이거야. 돌이는 자기가 돌이인지 순이인지 모르고, 순이는 자기가 순이인지 돌이인지 모르게 되는 거, 그게 진짜로 서로 미치게 좋아하는 거야. 이제 우리 민기의 장래 희망을 좀 알겠나?"

장주가 말을 마치자 두 기자는 서로 바라보고 의미심장한 미소를 나눴다. 그 속에는 '또다시 장주의 이야기 나라에 들어왔군.' 하는 뜻이 들어 있었다. 누구라도 장주와 말을 나누기 시작하면 얼마 지나지 않아 장주의 거대한 이야기 폭탄에 폭격당하고 말기 마련이니까.

두 기자는 이렇게 오랜만에 장주의 알 듯 모를 듯한 이야기를 다시 들으니 이해 여부는 고사하고 간에 우선은 잊었던 재미가 새록새록 돋아났다.

"민기가 투명한 마음을 가진 것은 민기가 자기 자신에 구속되지 않았기 때문이야. 민기는 이다음에 종이비행기가 되고 싶기도 하고, 좀 추울 때는 제 몸뚱이를 제 손으로 감싸 안고 걸어 주지. 자기 자신이란 게 없다는 말이야. 자기 자신을 꼭 쥐고 있는 게 아니라, 저만치 내어 놓은 거야. 내어 놓아야 바라볼 수 있지, 꼭 쥐고 있으면 아무것도 보이지 않아. 그러니 자유롭게 이것도 되고 싶고 저것도 되고 싶고, 추우면 안아 주고 더우면 시원하게 해 줄 수 있는 거야. 민기가 자라면서 자기 안에다가 자기 자신이란 것을 턱하니 앉혀 놓고 그걸 자꾸 키워 나가면, 그때는 자기를 자기 안에다 구속시키게 되겠지. 먼지 묻히고 땟국물 묻히고 그러면서 어른이 되어 가겠지. 그러기 전에 우리는 민기를 보면서 우리 자신을 정화하는 거야."

장주가 말을 하는 사이에 민기는 폴짝폴짝 뛰면서 언덕을 내려가고 있었다. 좁고 울퉁불퉁한 길가에는 코스모스가 흔들리고 있었다. 김 기자는 '아무것도 없다'는 뜻을 가진 '무하유'의 마을에, 실은 소박뿐만 아니라 코스모스로 꽉 차 있다는 생각을 했다. 멀리서 보면 코스모스가 이 마을의 주인인 것처럼 보일 정도였으니까. 코스모스가 조금 자리를 비켜난 곳에 집이 있고 길이 있고 밭이 있었다.

언젠가 장주는 좋아하는 꽃으로 코스모스를 들면서, '우주'를 뜻하는 이름하고는 상관없이 '조금 피어 있어도 가난해 보이고 많이 피어 있어도 가난해 보이는 꽃'이라고 말했었다. 성의를 다해 피어나면서도 뭔가 미안해하는 여리고 착한 품성의 꽃이라고도 했다.

과연 코스모스는 동네를 꽉 채웠으면서도 장대하고 풍성해 보이는 게 아니라, 그저 풍경의 사소한 바탕을 채워 주는 곁다리인 양 수줍어하는 것처럼 보였다.

장주는 우선 동네 식구들을 소개시켜 주겠다면서 민기가 간 길 쪽으로 두 사람을 안내했다. 코스모스 길을 따라 내려가면서 장주는 두 사람이 궁금해하는 이 마을 이야기를 대충 해 주었다. 김 기자와 손 기자는 그동안 맹자네 식당에서 흘러나왔던 얘기와 지금 장주의 입에서 나오는 얘기를 머릿속에서 종합해 저간의 사연을 정리했다. 그 내용은 이랬다.

혜시의 장례를 마친 장주는 그길로 서울 생활을 청산하고 산음의 분교 근처 작은 마을로 들어갔다. 마을이라고 해 봤자 깊은 산골짜기 중턱에 낡은 집 십여 호만이 주인 잃고 남아 있는 손바닥만 한 오지 마을이었다. 처음에 마을을 이룬 것은 화전민이었는데 숯장사로 먹고 살 수 없게 되자 떠나 버리고, 이후에는 간혹 버섯이나 약초를 바라보고 잠시 들어왔다 떠나는 사람들만 있었다고 한다. 모진 습격대가 휩쓸고 지나간 것처럼 비라도 오는 날이면 으스스하고 을씨년스런 분위기가 물씬 풍기는 퇴락한 동네였다.

장주는 이 마을로 들어오자마자 동네 어귀에다 솟대를 여러 개 세우고는 그 밑에다 '무하유 마을'이라고 쓴 천 조각을 늘어뜨렸다. '아무것도 없는 마을이란 뜻입니다.' 하는 친절한 설명까지 곁들였다. 그런데 '무하유'라는 발음이 생소했던지 오가는 인근 사람들은 그냥 발음 나는 대로 '뭐하유 마을'이라고 부르기 시작했고, 나중에는 '뭐해유 마을'로 통하게 되었다.

장주는 그중 한 집을 수리하고 들어가 살기 시작하면서 서울에 있던 노숙자 친구를 서너 명 끌어들였다. 겨울을 코앞에 둔 친구들은 약초 뿌리나 캐 먹으면서 함께 겨울을 나자는 장주의 꼬임에 금세 넘어왔다. 그중 목공일을 할 줄 알았던 친구의 지휘로 겨우내 빈집들이 하나둘 고쳐졌고, 이듬해 봄에는 그곳으로 얀춥의 친구들 몇이 또 들어와 살게 되었다. 원래는 서울 근교의 공장에 일자리를 얻어서 살고 있던 친구들인데 못된 업주를 만나 임금을 떼이거나, 작업 현장에서 몸과 마음을 다치거나 병을 얻거나 해서 지치고 망가진 이들이었다.

때로는 그저 홀로 지나다가 들어온 이도 있었다.

여럿이 모이다 보니 목공일, 미장일에 솜씨 있는 이를 비롯해 약초를 뚜르르 꿰고 있는 이, 농사를 지어 본 이, 악기를 다룰 줄 아는 이가 있었다. 심지어는 땅꾼 출신도 있었는데 그는 뱀독을 잘못 써서 반신이 마비되어 있었다. 한동안은 그가 온갖 뱀하고 겨룬 이야기를 듣느라 짧은 겨울밤이 뭉텅 잘린 듯 넘어갔다. 그중 가장 쓸모없는 재주를 가진 이가 있다면 모두가 '노 교수'라고 불러 주는 사람인데, 그는 잠시 대학에서 철학을 가르쳤다고 했다. 그러나 가끔 범상치 않은 요리 솜씨를 보였기에 모두는 그가 주방장 출신이 아닐까 하는 의심을 품었다.

이렇게 모인 사람들의 솜씨가 모두 합쳐지면 어지간한 일쯤은 해낼 수 있었다. 특별한 재주가 없는 이들도 이곳에서는 어디엔가 쓸모가 다 있었다. 힘을 잘 쓰는 이도 있었고, 꾀가 많은 이도 있었다. 그렇지만 게으름을 부리거나 그냥 앉아서 남들 일하는 것을 참견만 해도 누가 뭐라고 하지 않았다. 일은 하고 싶을 때, 하고 싶은 사람들만 해도 별로 쌓이지 않고 넘어갔다.

아쉬운 것이 있다면 아직 남자들뿐이라는 것이었다. 일부러 그런 것은 아니었지만 워낙 오지라 여인이 들어와 살기 어려운 탓도 있었고, 또 어쩌다 보니 거지꼴만 간신히 면한 시커먼 남자들이 들끓는 소굴같이 되어서 도저히 들어올 생각조차 할 수 없는 분위기였다.

별 준비 없이 시작한 첫해 겨우살이를 힘들게 넘기고 나자, 장주는 처음 마을에 들어올 때 우연히 주워 놓았던 조롱박씨를 곳곳에 심었다. 담벼락 밑에서도 낡은 원두막 밑에서도 조롱박이 덩굴손을 내밀며 올라오더니 이윽고 열매가 달리기 시작했다.

그런데 여름이 지나면서 조롱박이 이상한 모양으로 커 가기 시작했다. 매끈한 호리병 모양이 아니라 울퉁불퉁한 박이 달리는 것이었다. 마을 사람들은 규격품에 미달하는 자신들 처지와 똑같은 모양의 박이 달렸다면서 애정과 한탄을 섞어 바라보았다.

어느 날, 누군가가 흥분해 소리치면서 사람들을 불렀다. 달려가 보니 그는 채 익지도 않은 조롱박을 서너 개 손에 들고 서서 떠들고 있었다. 그의 말인즉, 박 덩굴 밑에서 낮잠을 자다 문득 깨어 보니 주렁주렁 매달린 것이 모두 사람 얼굴 모양이었다는 것이다.

반신반의하면서 그의 손에 들린 조롱박을 거꾸로 들고 살펴본 순간, 퍼런 조롱박 얼굴들이 자신들을 쳐다보고 있는 착각이 들어, 다들 놀라 뒤로 자빠졌다. 과연 아무리 봐도 우글쭈글한 것이 영락없는 사람 얼굴이었다. 둥근 머리 쪽을 밑으로 하고 열리다 보니 그 동안은 얼굴로 보이지 않았던 것이다.

노 교수가 흉측하다면서 불량 박들을 따 버리자고 했지만 아무도 동의하지 않았다. 오히려 각자 자기 얼굴이나 자신이 아는 이의 얼굴을 닮은 조롱박에 표시까지 해 가면서 박이 익기를 기다렸다. 게다가 마을의 오래된 샘물을 떠다 주니 모양이 더욱 제대로 잡히는 것도 같았다. 가을이 지나면서 잘 마른 조롱박은 겨우내 물이나 곡식,

음식 담는 그릇이 되거나, 혹은 방문 앞을 지키는 문지기가 되거나, 혹은 그냥 실없이 가지고 노는 장난감이 되었다.

두 번째의 겨울이 지나면서는 어쩌다 마을을 지나던 사람들이 간혹 조롱박을 신기해하면서 얻어 갔다. 일부러 조롱박을 얻기 위해 마을을 기웃거리는 사람도 생겼다. 그런데 이상하게도 조롱박은 장마철을 지나면서 하나같이 삭아 없어져 버렸다. 사람들은 한결같이 봄에 다시 심은 조롱박이 익어 가는 것을 기다렸다.

이윽고 두 번째의 조롱박이 달렸고 이전 해와 마찬가지로 각양각색의 얼굴들이 나타나기 시작했다. 이번에는 이전보다 훨씬 많은 박이 달렸다. 장주가 몇 날 며칠을 두고 뭔가를 곰곰이 생각하더니 수십 개를 한 보따리 싸서 맹자네 식당에 갖다 주라면서 노 교수에게 심부름을 시켰다.

오랜만에 듣는 장주의 소식도 반가웠지만, 특히 맹자를 기쁘게 한 것은 역시 특이한 모양의 바가지들이었다. 맹자는 작은 것은 술잔으로, 큰 것은 음식을 담아내는 그릇으로, 어중간한 것은 장식으로 썼다. 처음에는 기괴하다면서 싫어하던 사람들까지도 나중에는 서로 자신의 얼굴을 닮은 박을 찾네 뭐네 하면서 재미있어 했다. 얼마 지나지 않아 맹자네 박은 폭발적인 인기를 끌게 되었고, 자연히 장사도 잘되어 맹자는 자신이 후원하는 여러 단체에 더 많은 도움을 주게 되어 신이 났다.

박에 대해 궁금해하는 사람들에게 맹자는 '무하유 마을'에서 특산품으로 생산한 '소박'이라는 것까지는 소개했지만 그 마을이 어디 있는지, 누가 사는지에 대해서는 입을 굳게 다물었다. 그리 할 것을 장주와 약속했기 때문이었다.

장마철이 되자 또다시 소박들은 삭아 없어졌고, 맹자네 주점에 드나드는 사람들은 언제쯤 소박이 등장하려나 손꼽아 기다렸다.

김 기자와 손 기자는 굳게 닫힌 맹자의 입을 열게 하느라 한 달이 넘게 매일 맹자네 주점을 드나들었다. 애교와 협박을 총동원해 조른 끝에 절대 기사화하지 않고, 절대 소문내지 않는다는 다짐을 두 번, 세 번 받고서야 그들은 마을의 위치를 알아낼 수 있었다. 정보를 캐자마자 열 일 제쳐 놓고 순식간에 달려온 그들은, 드디어 여기서 이렇게 실물을 대하게 된 것이다.

다섯 시가 채 되지 않았는데 산골은 벌써 어스름이었다. 산음이란 지명처럼 산의 북쪽이라서 해가 더 빨리 지기 때문이었다. 햇볕조차 힘없이 파리해진다 싶더니 어느새 저만치 서 있는 사람의 얼굴이 흐려질 정도로 어스름이 빨리 왔다.

장주는 저녁을 재촉했다. 금세 어두워지고 그만큼 금세 추워지기 때문이기도 했지만, 제일 큰 이유는 전등이 없기 때문이었다. 그러고 보니 이곳은 전기가 들어오지 않았다. 워낙 오지라서 전기 공사 하기가 번거롭기도 하고, 공식적인 허가를 받지 않고 대충 꾸려 사는 처지라 전기를 들일 수 없다고 노 교수가 설명했다. 무엇보다도 장주가 전기 없이 사는 데 재미를 단단히 들여서 그렇다는 건 땅꾼 출신 '뱀아비' 설명이었다.

이곳 사람들은 이름 대신 별명을 부른다고 했다. 이름들은 하는 일과 생김새에 따라 '대패' '뱀아비' '나팔' '거미밥' '꽁지머리' '느림보' '돌배' '막치' '청니' '다와' '라쥬' '통바' 등으로 불렸다. 그중에서도 '꽃다지'라는 고운 이름을 가진 이는 얼굴이 소도둑놈처럼 생겨서 두 기자는 하마터면 소리 내어 웃는 결례를 범할 뻔 했다. 약초쟁이인 '청니'만은 그 이름의 유래를 금방 알 수 없었는데, 약초를 하도 많이 씹어 이가 푸르다는 것에서 유래된 이름이었다. '다와'와 '라쥬' '통바'는 모두 네팔 어로 각각 달, 왕자, 술 이름이라고 했다.

저녁 준비는 모두 함께 장주네 부엌에서 했다. 늘 그래 왔던 듯 마을 사람들의 손길은 매우 익숙했고 재빨랐다. 솥에서 밥을 푸고 된장찌개를 나누어 담는 동안 슬슬 한기가 든 두 기자는 두꺼운 옷을 빌려 달라고 부탁했다. 생각보다 훨씬 추웠던 것이다. 계절이 서울보다 달포는 더 빠른 것 같았다. 그러나 마을 사람들은 옷을 빌려 줄 생각은 않고 빙글거리고 웃으며 밥과 찌개를 들고 부엌 안쪽에 있는 작은 문을 열고 들어갔다. 문 안쪽으로는 웬 굴 같은 것이 컴컴하니 입을 벌리고 있었다. 장주의 집은 야트막한 절벽에 이어서 지었는데 부엌이 그 절벽에 닿아 있었고, 부엌 안쪽에 있는 문은 그 절벽에 나 있는 굴로 통하는 문이었던 것이다.

두 기자가 사람들을 따라 몸을 숙이고 몇 미터 들어가 보니 스무 명 정도는 족히 머물 만한 크기의 토굴이 있었다. 서너 군데 호롱을 붙이자 안은 어둠을 밀쳐 내고 금세 환해졌다. 둘러보니 항아리 같은 그릇들이 죽 둘러서 있었다.

어디에 불을 지핀 것도 아닌데 신기하게도 굴 안은 바깥처럼 춥지도 않고, 적당한 습도가 느껴지며 훈훈하기까지 했다. 바닥에는 짚으로 엮은 자리가 깔렸고, 가운데에는 크고 둥근 상이 놓여 있었다. 사람들은 익숙한 솜씨로 한쪽 옆에 있는 그릇들을 꺼내 김치와 밥과 찌개를 담아 늘어놓았다.

"우와, 이거 수호지에 나오는 양산박의 산채 같아요."

손 기자가 주위를 둘러보며 감탄했다. 그는 감격한 나머지 거의 숨이 넘어갈 듯 보였다. 더욱이 '꽃다지'가 한구석의 항아리를 번쩍 들고 와 '오디주'를 꺼내 놓자 자기 볼을 쥐어뜯으며 감동했다.

"여기 와서 보니 바깥세상으로 나오지 않으신 이유를 알겠군요. 여긴 장주 님 꿈꾸시던 것이 모두 모여 있는 낙원이네요."

"맞아요. 장주 님 왕국, 장주 님 공화국."

두 기자가 흥분해서 입을 모았다.

"처음엔 채소도 저장하고 술도 좀 빚어 놓을 요량으로 파기 시작했는데 마침 안쪽으로 저절로 속이 비어 있는 공간이 턱 하니 나오는 거야. 그래서 얼씨구나 하고 터 놨더니 이렇게 큰 놀이터가 되었지. 어때? 사이비 종교 집단의 비밀 집회 장소 같지 않은가?"

장주 역시도 몹시 자랑스러운 듯했다. 그때 옆에 앉아 있던 노 교수가 끼어들었다.

“여름엔 시원하고 겨울엔 따뜻한 굴의 특성 때문에 툭하면 모이다 보니 이제는 저장소의 목적보다는 그냥 놀이터가 되어 버렸죠.”

달콤한 오디주 잔이 몇 차례 돌았다. 모인 사람들의 얼굴에 오디주 물이 들어 불빛에 일렁거렸다.

“다들 이렇게 사는 게 행복하시겠어요?”

김 기자가 조심스럽게 물었다. 사실은 이곳에 오기 전부터 그 점이 궁금했다. 하지만 살던 사회 속에서 밀려나 오갈 데 없어 할 수 없이 들어온 사람들이 대부분일 것이라는 생각에 실례가 될까 봐 묻지 못했다. 몇 번이고 튀어나오는 질문을 억지로 참았지만 더는 참을 수 없어서 용기 내어 물은 것이다.

“행복하지. 그리고 행복해져서 떠날 때가 되면 더 행복할 것이고…….”

장주가 고개를 끄덕이며 말했다.

“행복한데 떠나다니, 무슨 말씀이세요?”

손 기자가 술잔을 만지작거리면서 이해할 수 없다는 표정으로 물었다.

이번에는 얼굴이 유난히 검붉은 ‘대패’가 대답했다.

“우리는 여기 잠시만 머물 거요. 오래 머물 사람은 그래도 되지만, 어쨌든 마음들은 잠시 머무는 것으로 알고 있소.”

“좀 쉬었다 나가야지, 바깥으로…….”

머리를 맵시 있게 동여맨 ‘뱀아비’가 거들었다.

'대패'가 계속했다.

"특히 여기 이 사람들 중엔 자리 잡을 사람, 가정 이룰 사람, 고향으로 갈 사람들이 두루 있지요. 우리는 우선은 이 사람들이 돈을 좀 모을 때까지 함께 돕는 겁니다."

'대패'가 말하는 '여기 이 사람들'이란 이주 노동자들을 가리키는 것이었다. 김 기자와 손 기자는 그 말에 또 의문이 꼬리를 물었다.

그렇다면 이곳은 장주의 공화국이 아니라는 말인가? 여기서 어떻게 돈을 모은다는 말인가? 당장 한 해 농사를 지어 한 해 먹기도 팍팍할 텐데……?

노 교수의 설명은 이랬다. 처음엔 그냥 모든 것에서 떠나 여기서 손수 지어 먹고 사는 것으로 족하다고 생각했다. 그런데 같이 사는 이주 노동자들을 보니 딱했다. 그들은 혼자가 아니었다. 고향에는 부양해야 할 식구들이 있었고, 조금이라도 도움이 되어야 할 동네 이웃들이 있었다. 실제로 그들은 수입을 쪼개 고향땅의 학교 만들기, 길 만들기, 의료 장비 보내기, 책 보내기뿐 아니라 일을 하다 다친 동료들의 의료비와 생계비도 지원하고 있었다. 더군다나 자본에 맞선 노동운동가들, 부패 정권과 싸우는 시민운동가들의 활동 자금 지원까지 하는 처지였다. 그러니 노동력을 잃었다고 해서 홀로 이곳에 들어와 사는 게 마음이 편할 수는 없었다. 그래서 일체 비용이 드는 소비생활은 하지 않고, 모든 소득은 모아서 한 사람씩 한 사람씩 이곳을 떠날 때 곗돈을 태우듯이 들려 보낸다고 했다.

"아직은 두 사람밖에 들려 보내지 못했지, 아마?"

장주가 주위를 둘러보며 껄껄 웃었다.

"도저히 그만한 소득이 나올 것 같지 않은데요?"

손 기자가 고개를 갸웃거렸다.

"뜻밖에 우리 '소박'이 대박이 날 조짐이야. 이미 맹자네 매출 신장에 혁혁한 기여를 했더군. 맹자가 소박 값을 후하게 쳐서 보내 주는 덕을 많이 보고 있지."

"이 오디주도 내다 팔면 돈 좀 되겠는데요. 너무 달지도 않고 깔끔해요."

손 기자가 입맛을 다시며 말했다.

'돌배'가 손을 내저었다.

"아, 그러려고 했는데 우리 먹기도 모자라는걸요. 여긴 오디가 귀해서."

"그럼 저기 있는 저거, 칡주라고 했나요? 저걸 내다 파시죠."

김 기자가 입맛을 다시며 말했다.

이번에는 '청니'가 손을 내저었다.

"저건 아직 맛이 제대로 안 나고."

"그럼 저거는요, 더덕주?"

"저건 여기 가슴앓이 하는 사람들 약으로 써야 하고."

"그럼 저거, 약초주는요?"

"그건 아직 약효가 미덥지 않아서."

"그럼 저거, 버섯주는요?"

"그건 별 맛이 없어요."

"에이, 결국 팔지 않고 다 드시겠다는 말씀이잖아요?"

김 기자가 손을 들어 버리자 모두들 한바탕 웃었다.

웃음이 가라앉자 김 기자가 또 물었다.

"가정을 꾸리고 싶으면 결국 여기서 나가야 하는군요?"

"누가 들어와 살 곳이 못 되지요, 아직은."

노 교수가 점잖게 말했다.

"왜? 여기도 가정이 있긴 있지."

"민기네 집 있잖아, 꽃다지 형님과 대패 아우가 같이 민기를 키우잖아."

농꾼과 뱀아비의 말에 다들 웃음을 터뜨렸다. 웃음소리는 바깥으로 나가지 않고 굴속에서 증폭되어 왕왕거렸다. 마치 굴 벽에서 배어 나오는 묵직한 저음의 웃음소리 같기도 하고, 불빛에서 둥글게 퍼져 나오는 아이의 웃음소리 같기도 한 것이 공간을 채웠다.

"굴이란 게 참 묘해. 여기 있으면 맘이 참 편해져. 물론 우리 나팔만 빼고……."

장주의 말에 농꾼이 설명을 덧붙였다.

"나팔은 과거 독방에 갇혔던 기억 때문에 밀폐된 공간을 지독히 싫어하죠."

"저도 들어와 보니 그런데, 왜 굴속이 편할까요?"

손 기자가 굴을 둘러보며 물었다.

"우리 몸뚱이가 기억하고 있는 것이 있어 그렇지요."

노 교수가 장주 대신 대답했다. 무슨 기억이냐고 되묻는 손 기자에게 노 교수가 설명을 이었다.

"우리가 애초에 생겨날 때 어디에 있었겠소? 굴속이지요. 자궁이라는 굴속. 우리는 굴을 빠져나오면서 최초의 고통을 머릿속에 새겼겠고, 그러니 굴속이 더 좋을 수밖에……. 게다가 더 가마득히 올라가면 우리가 들판을 뛰어다니는 짐승이었을 때가 있었을 것 아니요? 그때 우리는 굴속에서 새끼를 치기도 했겠고, 상처 입으면 굴속에 들어가 자연의 힘으로 치료되기를 기다렸겠지. 우리는 몸으로 그걸 느끼는 것이죠. 굴은 생명이고 위안이죠."

노 교수의 말이 끝나자 손 기자가 감탄하는 표정을 지었다.

김 기자가 씩 웃으며 말했다.

"여긴 장주님이 또 한 분 계시네요."

"그래서 우리들은 여간 골치가 아픈 게 아니라고요. 귀도 따갑고……."

'대패'의 말에 또다시 한바탕 웃음이 터졌다.

잠시 동안 정적이 흐른 후, 장주가 술잔을 내려놓고 천천히 입을 열었다.

"여기서 불을 끄고 가만히 보고 있으면 저 벽 군데군데 반짝이는 곰팡이들이 보인다네. 마치 우주 공간에 떠 있는 별들 같지……."

누군가 '드디어 시작하신다.' 하고 속삭였고, 또 누군가가 '쉿!' 하고 입을 막았다.

장주의 말이 노래하듯 이어졌다.

"지금 우리가 보는 이 세계는 분명히 '있는' 것이지. 모든 '있는' 것은 '없는' 데서 시작했다네. 모든 '생겨나는' 것은 '없었던' 것에서부터 나온 것이니까. 다시 말해, 이 '있는' 우주의 시작은 무엇에서 시작되었겠는가. '없는' 데서 시작되었겠지. 그런데 이미 '시작'하고 있다면 이미 '있는' 세계라는 말이 되겠지. 무엇이 '있느'냐 하면 '없음'이 '있는' 거라는 말이야. 왜냐하면 '없음'이 '있어'야 거기서부터 시작하는 것이거든. 쉽게 생각하면 무엇이냐…… 애초에 이 우주에서 '없음'과 '있음'은 처음에 시작할 때 같이 '있게' 된 거라는 말이야. '없음'이 있어야 '있음'이 비롯되어 나오고, '있음'이 있어야 '없음'이 있는 거지. 그러면 아무것도 '시작'하기 전에는 무엇이 있었겠는가. '없는' 것과 '있는' 것이 '있기' 전엔 그 무엇도 '없는' 게 있었겠군. 그런데 '없는' 것은 '있는' 게 아니잖아. 그러니 '없는' 것도 '없는' 것이 우주의 생겨나기 이전 세상이라고 하면 되는 거야."

장주가 잠시 숨을 고르는 순간 노 교수가 점잖게 덧붙였다.

"현대 과학에서도 우주의 기원을 그렇게 설명하죠. 애초에 '무(無)'에서 시작되었다고. 어느 순간 '무'의 요동이 있었고, 거기서부터 우주가 터져 나온 것이라는 게 거의 정설이죠. 그러니 '무'라는 것은 그냥 아무것도 '없는' 것이 아니라, '유'의 세상을 만들 만한 거대한

'무'의 에너지가 꽉 차 있는 거라고 하죠. '유'의 세상이 크다는 얘기는 반대로 '무'의 에너지가 그만큼 크다는 뜻이죠. 마치 맞꼭지각처럼 말이요."

"아, 우리가 그동안 장주님하고 너무 오랫동안 떨어져 있었나 봐요. 이렇게 못 알아듣겠는 거 보면."

손 기자가 머리를 쥐어뜯으며 괴로운 표정을 지었다. 다른 사람들은 입가에 미소를 지으며 그런 그를 쳐다봤다. 다 이해한다는 얼굴들이었다. 민기는 어느새 꽃다지 무릎을 베고 잠들어 있었다.

장주가 눈을 지그시 감고 말을 이어 나갔다.

"잘 들어 봐. 여기 '처음이다'는 것이 있어. 그러면 〈처음에 '처음이다는 것'이 아직 있지 않은 것〉이 있겠지. 그리고는 「처음에 〈처음에 '처음이다는 것'이 아직 있지 않은 것〉도 아직 있지 않은 것」이 있겠지. 다시 말해 보지. '있음'이라는 것이 있고 '없음'이라는 것이 있어. 그러면 〈처음에 '없음'이 아직 있지 않은 것〉이 있고, 그리고는 「처음에 〈처음에 '없음'이 아직 있지 않은 것〉이 아직 있지 않은 것」이 있게 되지. 이렇게 되어서 '없음'이 있는 것일 테지만, 당췌 뭐가 '없음'이 있다는 게, 뭐가 '있는' 거고 뭐가 '없는' 것인지 알 수가 없는 거야."[1]

"장주 님이 '잘 들어 봐.'라고 말씀하시길래 그러려고 했는데, 아무리 죽어라고 잘 들어 봐도 무슨 말씀이신지……. 예전에 듣던 말씀보다 더 어려워진 것 같아요."

김 기자가 풀이 죽어 말했다.

장주가 빙긋이 웃었다.

"예전에 하던 말 그대로일세……. 말로는 아무리 해 보아도 설명해 낼 수가 없어. 애초에 계산이 되는 게 아니라서 말일세. 시작이 있다면, 시작이 있기 전이 있을 거고, '시작이 있기 전'이 있다면, 또 그 전도 있겠지. '시작이 있기 전'이 있다면, 그 '시작'은 이미 '시작'이 아닌 게 되고 말아. 그러니 '시작'이 있다고 말하는 것 자체가 말이 안 되는 거야. 사실이 아니거든. '있다' '없다'도 마찬가지야. '있다'고 하자면, '있기 전'이 있었다는 말이 되지? 없었다가 나타나야 있는 게 되니까 말일세. 그러니 '있다'는 말은 그 전에 '없다'는 것을 전제해야만 가능한 말이 되지. 그런데 뭐가 없었다가 있게 되는 게 사실 가능한가? 없었는데 어떻게 뭐가 있게 되는 거지? '없다'를 놓고 보면 더 궁금해. '없다'는 건 있는 건가, 없는 건가? '없다'가 만약 '있는 것'이라면 더 이상 '없다'가 아닐 것이고, '없다'가 '없다'면 '없다'는 대체 어디서 나온 것이지? 이게 우리 한계야. 우리가 말로서, 우리 머리로서 다 설명해 낼 수 없다는 한계 말이세. 진리의 세계는 한계가 없는데, 우리의 존재는 한계가 있거든. 한계 있는 것으로 한계 없는 것을 좇을 수야 없지.[2] 그러니 우리는 사실 그림자를 붙잡고 있는지도 몰라. 진실, 진리의 그림자 말이야……."

"저는 아직도 아까 말씀하신 것만 알아듣겠어요. 우리의 현실 세계는 '없음'에서 시작했다는 말씀 말이죠. 그 뒤에 말씀하신, '없음'조차도 '없는' 세계는 아직 모르겠어요."

손 기자가 자신 없이 말하자 노 교수가 위로했다

"그것만 해도 대단한 진리죠."

노 교수는 술을 한 모금 마시더니 몇 마디 덧붙이겠다고 했다.

"'있음'이니 '없음'이니 하는 장주 님 말씀을 억지로 이해하려고 할 것 없네. 그건 장주 님 머릿속에서 벌어지는 계산 과정에 불과해. 각자는 자기 나름대로 계산해 가면 되는 거네. 어쨌든 우주와 내 생명의 본질만 보면 되는 것이니까. 장주 님이 하려던 말씀은 아마도 우주와 내가 나란히, 문득 같이 생겨나고, 문득 같이 없어지는 하나의 존재라는 것이겠지. 그 안에서는 '있음'과 '없음'이 하나일 수밖에 없어…….[3] 그래서 알지 못한다는 거야. 뭐가 '있음'이고 뭐가 '없음'인지 말일세."

"그러게, 이제 쌍으로다가 이렇게 말씀들을 주시니, 아마 이젠 저 귀퉁이의 거미까지도 도를 깨칠 판이라니까."

대패가 고개를 세차게 흔들며 말하자 몇몇이 쿡쿡 웃었다.

"글쎄, 거미까지도 도를 깨칠 지경인데 난 왜 뭔 말인지 도통 모르겠는 거야?"

'막치'가 모처럼 입을 열었다.

"그러니 우리는 어떻겠어요?"

저만치서 자기네 모국어로 속삭이던 통바가 큰 소리로 투덜댔다. 모두 배꼽을 잡았다.

"그래도 귀에 못이 박히도록 하도 들어 대충은 외울 수 있을 정도니, 이제 우리는 웬만한 도사 뺨친다니까. 여기 떠나서 사이비 교단을 하나 세워도 충분히 먹고 살 수 있을걸."

뱀아비가 장주의 눈치를 슬슬 보면서 말했다. 모두들 고개를 주억거리며 웃었다.

"그럼 어디 한번 말해 보지."

장주가 팔짱을 끼면서 말했다.

"말하라고요?"

뱀아비가 되물었다. 장주가 입가에 미소를 띠며 고개를 끄덕였다. 일제히 해 보라고 성화였다. 눈치를 보니 뱀아비가 평소 장주의 흉내를 꽤 내 본 것 같았다.

뱀아비가 장주의 걸쭉한 목소리와 말투를 흉내 내기 시작했다.

"내 시험 삼아 얘기해 보지. 잘 들어 봐……. 험험, 이 세상은 모두 하나에서 나왔는데, 그것이 바로 '없음'이란 놈이었더란 말이지. 그 '없음'이란 놈이 어느 날 갑자기 휙 '있음'이란 년, 험험…… 이거 좀 상스럽지? 여인이라고 바꾸지, 그럼. 다시 말할게. 그 '없음'이란 놈이 어느 날 갑자기 휙 '있음'이란 여인이 되어 버렸다는 말씀이야. 그래서는 그 '있음'이란 여인으로부터 삼라만상이 나왔다 이 말씀이지. 그러니 우주의 온갖 것들은 사실 '없음'이란 놈에서 나왔다 해도 되는 거야. 어차피 그놈이 그년, 아차, 다시 말해서, 그 여인은 그놈이 변한 거니까. 어때, 근사하지?"

뱀아비가 말을 마치고 어깨를 으쓱하자 모두 환호와 함께 박수를 쳤다. 박수 소리가 동굴 안에서 꽝꽝 울렸다. 뱀아비는 더욱 신이 나서 콧구멍을 벌름벌름하기까지 했다. 장주와 노 교수도 엄지손가락을 치켜세우며 감탄했다. 그러나 사실 누구보다 많이 놀란 것은 두 기자였다. 도대체 얼마나 귀에 못이 박히도록 장주의 연설을 들었으면 땅꾼 출신이라는 사람 입에서 저런 우주론이 줄줄 나올 수 있단 말인가…….

두 기자의 벌린 입이 다물어지기도 전에 이번에는 이름처럼 몹시 마른 체구의 거미밥이 숟가락을 그릇에 대고 탕탕 두들기며 주의를 모았다. 그는 체구답지 않은 굵직한 저음으로 걸쭉하게 말을 늘어놓았다.

"그놈과 그녀…… 아니지, 그 여인이 원래 한 몸이든, 변했든, 한 몸이 되었든, 우쨌든, 난 모르겄고. 왜 모르겄냐 하면, 애시당초 그건 우리가 알 수 있는 것이 아니여. 알 것 같지만, 실은 암것도 몰라. 아는 것 같지만, 실은 허깨비여. 왜냐? 우리는 잘 살아 봤댔자 고작 백 년을 살아. 우주의 시작은 말여, 몇 년이라고 혔지?"

"현대 과학자들은 137억 년 정도라고……."

노 교수가 설명을 덧붙이려고 하자 거미밥이 말을 끊고 자기 말을 계속했다.

"그래, 그만큼이래. 그것도 우리가 볼 수 있는 시간이 그 정도라는 거지. 그 이전은 또 모르는 것 아녀. 그저 그럴 것이다 짐작만 하는 거지. 그러니 백 년 사는 인간이, 아니 인간 역사를 다 합쳐 봤자 수십만 년 살아온 인간이 어떻게 그걸 알겠냐고. 아까도 그랬잖아. 한계가 있는 인간이 한계 없는 세계를 알 수는 없는 거라고. 그러니까 뭐 좀 더 안다고 잘난 척할 것 하나도 없고, 우리가 알아야 할 것은 딱 요것인데, 그거이 무엇인고 하니……."

거미밥이 말을 끊고 모두를 둘러보았다. 두 기자만 빼놓고 나머지 사람들은 모두 빙글빙글 웃고 있었다. 무슨 말이 나올지 대충 짐작들을 하는 표정이었다.

"그냥 사는 동안 잘 살면 되는 것이여. 내 마음 남의 마음 고단하게 닦달하지 말고, 모일 때 즐겁게 모이고 헤어질 때 덤덤하게 헤어지면서 사는 거야. 그러다가 편안하게 흩어지면 그만이지."

"거미밥 님, 거의 유랑 시인 같아요, 말씀하시는 게 노래하는 것 같습니다."

손 기자가 가슴에 두 손을 모으면서 흥취에 젖은 듯한 얼굴을 하자, 대패가 거미밥을 손가락질하며 말했다.

"아마 전생에 베짱이였을 거야. 생긴 것도, 하는 짓도 그렇지. 이솝 우화의 '개미와 베짱이' 말일세. 개미들 열심히 일만 할 때 옆에서 음악 연주해 주고 아름다운 시를 읊어 대던 베짱이 말이야."

그러고 보니 과연 거미밥은 베짱이를 닮은 것도 같았다.

김 기자는 거미밥의 얼굴을 흘깃거리며 대패에게 물었다.

"전생을 말씀하시네요. 혹시 전생을 믿으세요?"

여태껏 나눈 대화의 내용을 보건대 전생을 믿는 이가 여기 있을 리는 없었다. 그래도 티베트나 네팔 등 동아시아 쪽 식구들은 종교적인 삶에 익숙할 테니, 그들과 같이 지내다 보면 전생에 대해 좀 다른 생각이 들 수도 있지 않았을까 하고 김 기자는 생각했다.

"전생…… 전생이라……. 장주 님 생각은 어떻습니까?"

대패는 장주에게 되물었다.

"전생? 있지. 전생만 있나, 그 전생도 있고, 그 전전생도 있고, 그 전전전생도 있지."

"예에?"

당연히 그런 것은 없다고 대답할 줄 알았던 장주의 대답에 김 기자가 놀라 물었다.

이번에는 노 교수가 빙글거리며 말을 받았다.

"전생만 있나, 내생(來生)도 있지. 내생도 있고, 내내생도 있고, 내내내생도 있지."

"에이, 농담하시는군요, 그런 거 안 믿으시면서."

손 기자가 머리를 긁으며 슬며시 웃었다. 장주가 노 교수와 눈을 맞추며 웃었다.

"허허, 있대도 그래. 내 시험 삼아 물어보지. 대패, 자넨 전생에 뭐였나?"

대패가 어깨를 으쓱하며 대답했다.

"아마 단풍나무였겠지요."

장주의 질문이 이어졌다.

"꽃다지, 자넨 전생에 뭐였나?"

"구중궁궐에 갇혀 지내던 불운한 공주였을걸요."

꽃다지 대신 막치가 재빨리 대답하자 다들 한바탕 웃었다.

"그 공주가 조롱 속에 넣고 키우다 날려 보내 준 앵무새였을 거야, 금빛 꼬리가 달린."

꽃다지가 웃음소리에는 아랑곳하지 않고 꿈을 꾸는 듯한 눈빛으로 말했다.

"에구, 한 술 더 뜨시네."

막치가 숟가락으로 꽃다지의 두꺼운 허벅지를 때렸다.

장주가 이번에는 아직 한 번도 입을 열지 않고 작은 나팔만 만지작거리던 나팔에게 물었다.

"나팔, 자넨 다음 생에 뭐가 되어 있을 건가?"

나팔은 아주 작은 목소리로 혼잣말처럼 대답했다.

"땅에 묻혀 나무뿌리가 감싸고 있는 바윗돌이 되어 있다면 좋겠지요. 누군가 욕심 많은 사람이 가져가고 싶어서 곡괭이를 대지만 머리가 허옇게 되도록 파내고 파내도 못다 파내고 떠나는 그런 바윗돌이……. 틈새로 머리카락처럼 가는 물줄기가 흘러 겨울이면 얼어서 얼음 칼이 되어 아팠다가 봄이 되면 녹아 아무는, 그런 얼음 상처를 안고 있는 바윗돌이 되어 있으면 좋겠지요."

그의 말은 사람들의 마음을 먹먹하게 만들었다. 깔깔대며 홍겹

게 웃던 사람들은 뭔지 모를 아련하고 짠한 감정이 느껴져 입을 다물었다.

가라앉은 분위기를 살리려는 듯 느림보가 벌떡 일어나 말했다.

"나는 마, 말이야, 마, 말이 될 거야. 커, 커다란 심장을 갖고 버, 번들거리는 흑갈색 몸뚱이, 마, 말이 될 거야. 모, 모가지 서로 마, 맞대고 사랑하는 말이 될 거야."

뇌성마비 장애인인 느림보의 말에 모두가 그러라면서 박수를 쳐주었다.

박수가 멎자 장주가 입을 열었다.

"까마득한 옛날 세상이 시작한 이래로 생사존망(生死存亡)은 하나야. 흩어졌다 뭉치고, 다시 흩어졌다 뭉치지. 그것이 모두 우연히 되는 일이야. 그러니 흩어져 있다가 다시 뭉칠 때 어느 것의 일부가 될지 모르는 거지. 내 몸뚱이가 흩어져 땅으로 스며들었다가 다시 무언가가 될 때에는 다른 숱한 몸뚱이가 흩어진 것하고 섞여서 뭉쳐지는 거겠지. 그러니 나와 너는 다음에는 여러 몸속에 섞여 있겠고, 그러다 보면 우연히 한 몸속에 섞이기도 하겠지. 거미밥, 자네가 애절하게 부르는 경희는, 실은 전생에 자네와 한 나무에 달렸던 사과였을 수도 있지."

술을 많이 마셔서인지 경희라는 여인에 대한 생각 때문인지, 눈가가 붉어진 거미밥이 다시 술잔을 채우며 장주의 말을 받았다.

"장주 님 말씀을 듣고는 이런 꿈을 꾼 적이 있어. 꿈에 어떤 사람이 되었는데 그의 왼쪽 팔뚝이 서서히 변해 닭이 되자 그는 그것을 따라 홰를 치며 새벽을 알리는 울음을 내더군. 이번에는 그의 오른쪽 팔뚝이 서서히 변해 탄환이 되겠지. 그는 피웅 하고 날아가 닭을 맞혀서는 구이를 했다네.[4] 그 꿈속에서 난 이렇게 외쳤다네. 세상 조화(造化)란 참 신기하구나. 조화의 힘이 이제 당신을 무엇으로 만들려 하며 어디로 데려가려고 하는 걸까. 당신을 쥐의 간으로 만들 것인가, 벌레의 다리로 만들 것인가……"[5]

장주가 거미밥의 말에 설명을 붙였다.

"그러니 내가 무엇이 될지 무엇으로부터 나왔는지 알 수 없는 게 당연한 것이지. 전체로부터 나왔고, 한순간 무엇인가로 맺혀서 살다가 다시 전체로 돌아간다는 게 옳은 얘기일 거야. 막 변화해서 무엇인가가 되었을 때 아직 변화하지 않았던 과거의 모습을 어찌 알 것이며, 아직 변화하기 전에 변화한 이후의 모습을 어찌 알 수 있겠는가. 그래서 내가 이렇게 말하는 것이라네. 이전의 모습도 뒤의 모습도 알려고 하지 말고 그저 변화에 순응하고 온갖 사물과 한 몸이 되어 아직 일어나지 않은 변화를 묵묵히 기다릴 뿐이라고. 사람들은 잠시 동안 함께 뭉쳐 있는 것을 나라고 여기는 것일 뿐이니, 그게 정말 내가 생각하고 있고 내가 붙잡고 있는, 이른바 분명한 나라고 확신할 수 있겠는가. 그러니 그저 변화하는 대로 몸을 맡겨 흘러가다가 종내는 그 변화조차도 잊어버리는 거야. 그러면 마침내 이 거대하고 고요한 우주와 함께 뒤섞여 나는 없어지고 그저 전체가 되고 마는 경지에 들게 되는 거지…….”[6]

노 교수가 태연히 장주의 말을 받아 이었다.

“그러니 지금 자기의 모습이 절대적이라고 생각하고 언제까지나 꽉 붙들고 싶어 하는 건 어리석은 일이야. 지금 자기 생각, 자기 존재가 계속된다는 의미로 전생이니 내생이니를 말한다면 그건 애처로운 집착이야. 넘어서야지. 모두를 넘어서야지.”

노 교수가 말을 마치고 술잔을 내려놓으며 주변을 둘러보았다. 그것을 신호로 얼추 자리가 끝날 모양이었다. 다들 널려 있던 그릇과 음식들을 주섬주섬 챙기려고 하는데 느림보가 조금 취한 채로 벽에 기대 앉아 중얼거렸다.

“대, 대장장이가 쇠붙이를 노, 녹여서 주물을 마, 만드는데 어쩌다 사, 사람이 되었거든. 그, 그러다가 다시 용광로 소, 속으로 들어가야 하는데 시, 싫다고, 언제까지나 오직 사람으로만 사, 살겠다고 하면 웃긴 거야. 이 우주가 커, 커다란 용광로이고 우리는 녹았다 나오면서 이것도 되고 저것도 되지. 어, 어디로 가서 무엇이 되어도 괜찮은 거야. 편안하게 용광로 소, 속에 있다가 문득 무엇인가로 깨어날 거야.[7] 그 소, 속에서는 또, 똑같은 것이 하나도 없어. 틀로 찌, 찍어 내는 것이 아, 아니라서 백만 가지, 천만 가지가 다, 다, 달라. 트, 틀도 없고, 규격도 없으니까 모두 다, 다 같아. 사, 사람만이 자기네가 표, 표준인 줄 착각해. 또 표, 표준인 줄만 아는 게 아니라, 표준 중에서도 규, 규격이 있다고 생각해…….”

그때 꽃다지가 느림보의 등을 살짝 치면서 위로하듯 말했다.

"그래, 느림보 말이 맞아. 세상엔 같은 게 하나도 없지. 같은 게 있다면 거짓이야. 하나도 같지 않은 인간들이 패거리를 만들어 같은 척하면서 조금 다른 사람들을 내치는 건 어리석고 비겁한 거야. 결국은 그것 때문에 인간들은 인류 역사 내내 불행 속에서 고통을 받아 왔으면서."

손 기자가 용기를 내어 꽃다지의 말을 거들었다.

"맞습니다. 이 우주에 같은 건 하나도 없지요. 뒤집어 말하면 차별이라는 게 아예 처음부터 성립되지 않는다는 말이 되는 거지요. 조금 다르다는 것이나, 많이 다르다는 것이나, 다르다는 점에서 보자면 모두가 같으니까. 느림보 님과 우리의 몸이 다르다는 것은, 나와 너의 콧구멍 크기가 다른 것하고 같아요. 그러니 억지로 같게 하거나, 표준에 맞추거나 하는 건 자연에 거스르는 어리석은 짓입니다. 그래서 옛말에도 있잖습니까. 오리 다리가 비록 짧지만 이어 주면 슬퍼하고, 학의 다리가 길지만 자르면 슬퍼한다고 말입니다.[8]

"손 기자, 어느새 우리 마을 사람이 다 된 것 같아. 고담준론(뜻이 높고 바르며 엄숙하고 날카로운 말)이 술술 나오네그려."

장주가 눈을 동그랗게 뜨고 놀리듯 말하자, 모두들 한마디씩 하면서 웃었다.

한바탕 웃음이 멎자 어디선가 김 기자의 목소리가 들려왔다.

"사람의 마음도 다 그래요. 다 제각각이지요. 모두가 다 똑같은 거 좋아하고, 모두가 다 똑같은 거 싫어하는 게 아니지요. 왜 내가 좋아하는 것을 너는 좋아하지 않느냐, 왜 내가 싫어하는 것을 너는 좋아하느냐고 하는 건 어리석기만 한 게 아니라 폭력입니다, 폭력! 내가 그를 좋아하고 사랑하는데, 나와 그가 갖고 있는 틀이 무슨 이유가 되겠습니까. 어찌하다 보니 내 마음이 그렇게 흘러갔는걸요. 내가 처음부터 그렇게 생겨먹은 걸 어떻게 억지로 바꾸라는 겁니까. 억지로 안 되거든요. 나는 고통스럽더라도 내가 생겨 먹은 대로 갈 겁니다. 내게는 그게 자연스런 거예요."

갑자기 분위기가 가라앉았다. 김 기자의 목소리가 너무 비장해서였다. 취했는지 발개진 귓불에 은색 귀걸이가 몹시 흔들렸다.

"자, 김 기자의 '하나도 이상할 것 없는 사랑'의 쟁취를 위해서 건배를!"

"그게 오늘의 결론이구먼. 모두가 생겨 먹은 대로 잘 살기를 바라며 건배를!"

뱀아비와 대패가 한마디씩 하면서 건배를 했다. 모두들 잔을 높이 치켜들었다.

이윽고 마을 사람들은 조그맣게 웃거니 두런두런 말하거니 하면서 익숙한 솜씨로 자리를 정리하기 시작했다.

바깥에서 짙은 어둠이 한 자락 더 들어와 덧칠이라도 한 듯 굴 안은 한층 더 어두워져 있었다. 사람들의 말소리와 벽에 일렁이는 그림자가 커졌다 작아졌다 하면서 굴 안을 채웠다. 그것을 보고 있자니

두 기자는 몽롱해지는 느낌이 들었다. 많이 마신 것은 아니었는데 분위기와 장소 때문인지, 오랜 시간 달려와 피곤했던 때문인지 몸이 노곤해지면서 취기가 확 올라왔다. 그들은 무거워지는 눈꺼풀 사이로 장주를 바라봤다. 장주는 어느 깊은 산속 강고한 산채를 지키는 부족장 같은 얼굴로 미소 짓고 있었다.

8. '무하유지향(無何有之鄕)에서 생긴 일' 원문 풀이

[1] 有始也者 有未始有始也者 有未始有夫未始有始也者 有有也者 有無也者 有未始有無也者 有未始有夫未始有無也者 俄而有無矣而未知 有無之果孰有孰無也…. 『장자』, 「齊物論」

'처음'이라는 것이 있고, '처음이 아직 있지 않은' 것이 있으며, '처음이 아직 있지 않은' 것이 아직 있지 않은 것이 있다. '있다'는 것이 있고, '없다'는 것이 있으며, '없다는 것이 아직 있지 않은 것'이 있으며, '없다는 것이 아직 있지 않은 것'도 아직 있지 않은 것이 있다. 문득 '없다'는 것이 있으니, 알지 못하겠다. 있고 없음에서 어느 것이 있고 어느 것이 없는지…….

[2] 吾生也有涯而知也無涯 以有涯隨无涯 殆已. 『장자』, 「養生主」

나의 생명은 한계가 있지만 지식은 한계가 없다. 한계가 있는 것을 가지고 한계가 없는 것을 추구하면 위태로울 뿐이다.

[3] 天地與我竝生而萬物與我爲一. 『장자』, 「齊物論」

천지가 나와 함께 생겨나고 만물이 나와 함께 하나가 된다.

[4] 亡 予何惡 浸假而化予之左臂而爲鷄 予因以求時也 浸假而化予之右臂以爲彈 予因以求鴞炙…. 『장자』, 「大宗師」

아니다, 내가 무엇을 싫어하겠는가. 가령 나의 왼쪽 팔뚝을 변화시켜 닭이 되게 한다면 나는 그에 따라 새벽을 알리는 울음소리를 낼 것이고, 가령 나의 오른쪽 팔뚝을 변화시켜 탄환이 되게 한다면 나는 그에 따라 새구이를 구할 것이다….

[5] 偉哉造化 又將奚以汝爲 將奚以汝適 以汝爲鼠肝乎 以汝爲蟲臂乎…. 『장자』, 「大宗師」

기이하구나, 조화여. 또 그대를 무엇으로 만들려 하며, 그대를 어디로 데려가려 하는가. 그대를 쥐의 간으로 만들 것인가, 그대를 벌레의 다리로 만들 것인가….

[6] 安排而去化 乃入於廖天一. 『장자』, 「大宗師」

자연의 추이를 편안히 여겨 그 조화조차도 잊어버리면 마침내 하늘과 일체가 되는 경지에 들어간다.

[7] 今之大冶鑄金 金踊躍曰 我且必爲鏌鋣 大冶必以爲不祥之金 今一犯人之形而曰 人耳人耳 夫造化者必以爲不祥之人 今一以天地爲大鑪 以造化爲大冶 惡乎往而不可哉 成然寐 蘧然覺.『장자』,「大宗師」

지금 대장장이가 쇠붙이를 녹여서 주물을 만드는데, 쇠붙이가 튀어 올라와서는, "나는 이제 반드시 막야와 같은 귀한 검이 될 테다."라고 말한다면, 대장장이는 반드시 상서롭지 못한 쇠붙이라고 여길 것이다. 이제 한 번 사람의 형상을 범해서 세상에 태어나 "나는 사람일 뿐이다, 사람일 뿐이다."라고 한다면 조화(를 주재하는 자)도 반드시 상서롭지 못한 사람이라고 여길 것이다. 이제 한 번 천지를 커다란 용광로로 삼고, 조화를 대장장이로 삼았으니, 어디로 가서 무엇이 된들 괜찮지 않겠는가. 편안히 잠들었다가 화들짝 깨어날 일이다.

[8] 是故鳧脛雖短 續之則憂 鶴脛雖長 斷之則悲 故性長非所斷 性短非所續 無所去憂也….『장자』,「騈拇」

그러므로 오리의 다리가 비록 짧지만 그것을 이어주면 근심하고,
학의 다리가 비록 길지만 그것을 자르면 슬퍼한다.
본래부터 긴지라 자를 것이 아니고, 본래부터 짧은지라 이을 것이 아니니,
근심거리로 여겨 없앨 것이 아니다.

새벽 나팔소리

6

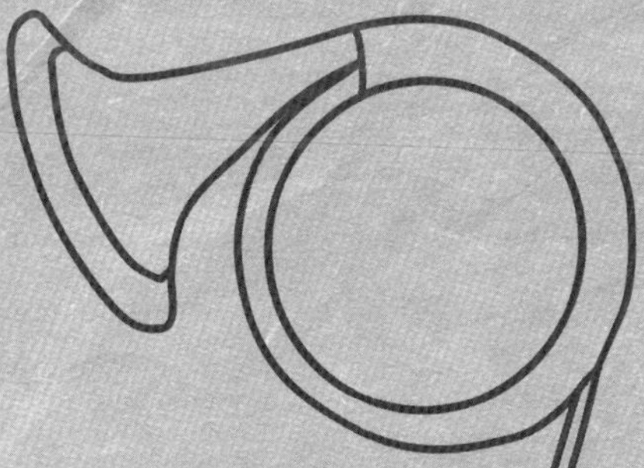

이마에 서늘한 기운을 느낀 김 기자는 눈을 번쩍 떴다. 캄캄해서 아무것도 보이지 않았다. 분명히 옆에서는 손 기자가 자고 있을 텐데 가늘게 코 고는 소리만 들릴 뿐 얼굴 윤곽조차 보이지 않았다. 시커먼 굴속인 것이다.

그러고 보니 지난밤에 굳이 굴속에서 자 보겠다고 우기는 바람에 잠자리가 급조되었던 것이 생각났다. 널찍한 상 위에 스티로폼을 깔고 그 위에 근처 군부대에서 얻었다는 군용 야전 침낭을 놓았는데 이 잠자리는 생각보다 따뜻해서 등에서 땀이 배어 나올 정도였다.

김 기자는 어렴풋이 잠에 들어가면서 역시 우기기를 잘했다고 생각했다. 적당히 촉촉한 공기 속에 흙냄새와 돌 냄새가 묻어 나오고, 마치 얇은 막을 친 듯 어둠이 내려 덮는 느낌이 각별했다. 병든 야수가 약초를 씹으며 상처를 고치듯 자신도 이 굴속에서 자고 나면 사소한 고질병 하나쯤은 나을 것도 같았다. 그게 아니라면 최소한 숙취 정도는 말끔히 사라질 것 같은 느낌이 들었다.

굴 바깥쪽에서 무슨 소리가 들려왔다. 김 기자는 살그머니 일어나 문 쪽으로 다가갔다. 굴에서 부엌으로 난 문은 닫혀 있었는데 문짝의 나무 틈새로 차가운 바람이 슬금슬금 들어오고 있었다. 바람에는 희미한 여명이 묻어 있었다.

바깥에서 누군가가 두런두런 이야기를 나누고 있었다. 그중 하나는 장주의 목소리가 분명했다. 김 기자는 문틈으로 바깥을 내다봤다. 검은 하늘에 엷고 희미한 빛이 스며들고 있었다. 나팔이 아래를 내려다보며 섰고, 몇 발자국 옆에는 장주가 땔감 뭉치 위에 앉아 있었다.

"차가운 비가 검푸르게 내렸지요. 물개 등처럼 윤기 나는 도로 위에 검은 소가 입김을 내뿜으며 쓰러졌습니다. 그 곁을 차들이 계속 달려갔지요……."

"나팔, 아직도 그 꿈을 반복해서 꾸나?"

"장주 님은 그 꿈을 이젠 안 꾸십니까?"

"꺾으면 피가 묻는 꽃 말이지……."

"언덕에 누워 있으면 그림처럼 솟아났다고 하셨지요. 물관을 타고 피가 흘러, 꺾으면 피가 묻어난다는 꽃……."

나팔의 목소리는 너무나 우울해서 그 목소리가 울리고 있는 한이 골짜기에는 영영 아침이 오지 않을 것만 같았다.

잠시 정적이 흐르고, 장주가 이내 입을 열었다.

"정말 떠날 텐가?"

"글쎄요……."

나팔이 말끝을 흐렸다. 장주가 한숨을 쉬었다.

"가득 채웠다가 비우는 것도 괜찮겠지. 채우다 만 것보다는 나을지도 몰라. 애초에 아무것도 담지 않는 게 그중 윗길이지만."

"채웠다가 비워 냈다고 생각했는데, 장주 님 말씀대로 채우다 만 것이었나 봐요. 애초부터 아무것도 담지 않는다는 건 제 능력 밖이고……."

"노 교수가 입버릇처럼 말하잖던가, '손지우손'[1] 하라고 말일세. 싸리 빗자루로 싹싹 쓸어 마음 밭을 텅 비우면 편안할 텐데……. 그걸 심재(心齋)[2] 라고 한다네. 텅 비우고 나면 고요함만이 머물지. 허정(虛靜)한 세상 말일세."

"그건 제 몫의 복이 아닌 것 같습니다."

"자네가 아직 그런 건 갖고 싶지 않은 게지."

"그러게요. 개울가에다 신발을 한 짝 벗어 놓고 온 것 같습니다."

"가서 마저 찾아 신고 다시 개울가를 철퍽거리며 신 나게 뛰어 보게. 다 채웠다 싶을 때, 아니면 더 채우기 싫어질 때 다시 만날 수 있겠지."

둘은 잠시 말이 없었다. 나팔이 길게 한숨을 쉬자 장주가 가볍게 웃으며 입을 열었다.

"고통의 촉수가 별난 족속들이 있지, 자네처럼 말이야. 자네 나팔 소리는 화살처럼, 칼처럼 달려가 세상의 온갖 고통의 촉수들을 또 건드리고 찌르고 하겠지. 다만 중심을 놓지 말게. 그리고 중심은 바퀴살 구멍처럼 텅 비어 있다는 걸 잊지도 말고……."

"텅 비어 있어야 바퀴가 돌 수 있다고 하셨지요?"

"이것과 저것을 구분 짓는 아집 같은 것은 여기 올 때 이미 버리고 온 걸 내가 아네. 그것이 자네를 고통스럽게 했으니까. 이제 나가면 그 구분을 버리고 자네는 세상의 문을 부드럽게 열고 닫는 '도추(道樞)'[3] 노릇을 하다 오겠군."

"나가지 말라고, 허상만 좇는 일이라고 하실 줄 알았습니다."

나팔이 의아하다는 듯 말하자 장주가 조금 크게 웃으며 말했다.

"이 장주도 진짜들이 하는 일은 대접할 줄 안다네. 진리의 세계는 도사가 아니라 투사가 지키기도 하거든."

"하하, 그렇게 거창한 뜻을 세운 건 아닙니다."

나팔이 손을 내저으며 크게 웃었다.

장주가 자리에서 일어서 기지개를 켰다. 어느새 날이 부옇게 새고 있었다. 하지만 북향 마을이라 동이 트고도 한참 있어야 산 위로 올라오는 햇살을 볼 수 있을 것이었다. 김 기자는 다시 가만히 자리로 돌아가 누워 한참 동안 눈을 끔벅였다.

멀리서 나팔 소리가 들려왔다. 그런데 아침 기운을 땅땅 때리는 자극적인 소리가 아니라, 마치 커다란 항아리 속에서 울려 나오듯 은근하고 둥근 소리였다.

"야, 기상나팔 소리 들으니 정말 산적들의 산채에라도 와 있는 것 같군."

손 기자가 감탄하고는 서둘러 자리를 정리했다. 활짝 열어 놓은 문으로 차갑고 하얀 빛줄기가 들어오고 있었다. 밖에서 사람들 소리가 났다. 김 기자도 얼른 자리를 정리하고 나갔다.

"저 인간이 또 꿈을 꾼 모양이네."

"샘 무너진대도 기어코 또 거기서 부네."

"샘이 정말 무너질까?"

"아, 접때도 나팔을 불어 젖히니까 벽이 왕왕 울리더라니까."

"그래서 무너질 것 같으면 벌써 무너졌게?"

"때가 되면 가랑잎 부서지는 소리에도 무너지는 법이야."

마당에 둘러선 사람들이 이러고저러고 떠들어 댔다.

"오늘은 좀 봐 줘. 당분간 못 들을 테니까."

장주가 해 뜨는 쪽을 향해 크게 기지개를 켜며 말했다. 그 말에 다들 조금 놀라 저마다 한 소리씩 또 해 대느라 소란스러웠다.

두 기자가 나오는 것을 보자 장주가 모두에게 '혼돈의 샘'으로 가자고 했다.

혼돈의 샘은 마을 제일 뒤편 바위 절벽 틈새의 굴속에 있었다. 허리를 숙이고 틈새 좁은 입구를 지나 대여섯 걸음쯤 들어가면 사람 열 명쯤 서 있을 만한 널찍한 공간이 나오고, 그 안쪽에 자그마한 샘이 있었다.

폐쇄공포증이 있다는 나팔은 입구에 앉아 굴 쪽을 향해 나팔을 불고 있었다. 나팔 소리는 굴 안을 한 바퀴 휘감아 돌고 샘물 위를 떨게 한 뒤 밖으로 흘러나왔다. 그래서 날카롭고 짱짱한 각들은 닳고 무뎌져 둥글고 멍멍한 소리가 되었던 것이다.

"이봐, 나팔. 굴 무너진대도."

거미밥이 나팔에게 손사래를 쳤다. 나팔은 뒤를 돌아다보며 싱긋 웃고는 한마디 내뱉었다.

"나팔 소리에 무너질 것 같으면 진작 무너졌겠지."

"그럼 우리 소박은 어쩌라고."

꽁지머리가 펄쩍 뛰었다. 그 말을 듣고 있던 두 기자가 "아, 그래!" 하고 짧게 외쳤다. 그 물을 떠다 부어야 소박에 모양이 잡히고 싱싱하게 살아난다던 샘이 바로 이 샘을 두고 한 말이었다. 맛이 떫고 찝찔해서 누구도 먹으려고 하지 않다가 혹시나 좋은 미네랄 성분이라도 있을까 하여 소박에다 부어 주었더니 소박의 얼굴 모양이 더욱 생생하게 살아났다던 그 샘이었다.

"자, 오늘 우리 나팔이 세상에다 나팔소리를 들려주려고 여길 떠난다네. 그러니 어디 실컷 들어 두자고."

장주가 소리치자 꽃다지가 나팔을 붙잡아 굴 밖으로 끌어냈다. 웃으며 끌려나온 나팔은 숨을 좀 고르고 나서 나팔에 입을 가져갔다. 짱짱한 나팔소리가 울려 나왔다. 음파가 퍼져 나가자 산자락에 가득 차 있던 엷은 아침 안개가 깨지는 듯했다.

나팔소리가 잠시 멎자 장주가 말했다.

"보이는가, 세상에 꽉 찬 기운이?"

그 말에 다들 안개가 넘실대는 산자락을 내려다보았다. 뭔가 알지 못할 기운이 차오르는 것 같기도 했다.

문득 막치가 조심스레 입을 열었다.

"나팔소리가 세상을 흔들고 안개를 걷어 내는 것을 보니 세상을 채우고 있는 이 꽉 찬 기운은 한결같이 떨고 있는 것 같아……."

"떨려? 흔들리는 거?"

꽁지머리가 물었다. 막치가 고개를 끄덕였다.

"그렇지, 이 세상은 말이야, 장주 말씀대로 우리 눈에 보이지 않아도 실은 어떤 기운으로 꽉 차 있지. 에너지라고 해도 좋겠지. 그런데 이 에너지는 꽉 차 있기는 한데 가만히 있는 게 아니라 마구 요동치고 있어. 떨고 있는 거지. 우주를 채우고 있는 기운이 어느 곳에서 뭉치는 것도 흩어지는 것도 다 떨림이 만들어 내는 거야. 보게, 여기 꽉 차 있던 안개를 걷어 내는 게 무엇인가? 나팔소리의 떨림이고 쏟아지는 햇살의 떨림일세. 그러면 안개는 어디서 생겨났는가. 그것도 떨림 속에서 생겨난 거야. 덧붙이자면, 기운이 곧 떨림이지. 떨고 있어서 보이기도 하고 안 보이기도 하는 거야……."

밤새 잠을 설쳤는지 머리가 부스스한 거미밥이 말을 이었다.

"안개가 떨림에서 나온다는 건 맞는 말이야. 새벽이 되면 자연의 기운을 받아 땅도 나무도 떨어. 땅은 머금었던 물을 흔들어 가벼운 수증기를 만들고, 나무도 머금었던 물을 흔들어 숨구멍으로 나갈 만큼 작은 수증기를 만들지. 그래서 숲은 안개로 채워진다네."

그때까지 듣고만 있던 장주의 얼굴에 흐뭇한 미소가 번졌다.

"물리학도가 될 뻔했다더니 과연 막치다운 깨우침이네 그려. 거미밥의 말도 언제나 듣기 좋은 노래 같고. 다들 듣게. 이것은 그저 아름다운 비유가 아니야, 사실의 세계에서 여실히 벌어지는 일이지. 알겠는가? 떨림은 세상이 생겨난 이래로 멈춘 적이 없어."

뱀아비가 짓궂은 표정으로 받았다.

"그럼 저 바윗돌도 떨고 있나요?"

한참을 웃고 난 뒤 노 교수가 말했다.

"물론 바윗돌도 떨고 있지. 알고 보면 바윗돌이 단단한 것도 그 요동 때문이지. 바윗돌을 구성하고 있는 원자들은 원자 사이를 미친 듯이 헤집는 전자들 때문에 단단히 어깨동무하고 있는 것이거든."

"그럼 우리 몸도 마찬가지겠네요."

뱀아비가 머리를 긁적이며 말하자, 이번에는 꽁지머리가 익살맞은 표정으로 대꾸했다.

"인간도 마찬가지야. 사람이 사람을 만나면 어느 순간 마음이 떨리지. 그로부터 모든 게 시작되는 거 아니겠어? 떨림이 뭉쳐서 생명이 탄생하고 성장하지. 그러다 몸서리치면서 떨면 이번엔 또 흩어지는 거야. 산산이 흩어져서 살살 떨고 있다가 다시 어느 순간이 되면 떨면서 뭉치고……."

"아이고, 어젯밤 얘기가 다시 시작되는군요."

손 기자가 두 손으로 머리를 마구 긁으며 괴로운 표정을 지었다.

장주가 결론 내리듯 말했다.

"막치의 말을 듣고 이렇게 여기 서 있으려니 세상이 한결같이 한가지로 떨리고 있는 게 보여. 내 마음이, 내 몸이 떨리는 것과 이 나무와 풀이 떨리는 것과, 구름과 바람이 떨리는 것과, 활활 타고 있는 저 숱한 밤하늘의 별과, 그 사이를 채우는 기운들이 모두 다 한가지로 떨리고 있는 게 느껴진다네. 그래서 모든 건 다 한가지라네. 바닷물에서 거품이 생겨났다가 팍 터져 버리듯, 우리는 한순간 생겨났다가 다시 돌아가 세상을 채울 것이네. 그러니 내가 이렇게 말하는 걸세, 만물제동(萬物齊同), 곧 만물은 모두 같다고……."

다들 산자락을 내려다보며 꽉 찬 기운을 느껴 보기라도 할 듯이 몇 번이고 심호흡을 했다.

"우와! 숨을 쉬니 대지의 떨림이 전해져 들어오는군."

뱀아비가 호들갑스럽게 외치자 꽁지머리가 다그쳐 물었다.

"정말?"

"그으럼. 맑은 기운이 뱃속까지 흔들어 대니까 뱃속에서도 떨림이 일어나 아우성이야…… 배고프다고!"

뱀아비의 말에 다들 허기가 느껴졌다. 아침 당번인 느림보와 꽃다지가 콩나물국밥을 해 놓는다고 했었다. 고소한 들깨 가루를 얹은 국밥 생각에 산길을 내려가는 발걸음이 너나없이 급했다.

9. '새벽 나팔소리' 원문 풀이

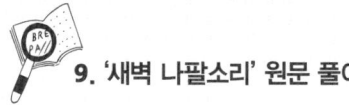

[1] 損之又損 以至於無爲 『노자』, 「道德經」

덜고 또 덜어 내어 무위(아무런 함이 없음)에 도달하라.

[2] 心齋 『장자』, 「人間世」

마음이 수양된 상태. 마음을 비워 내어 고요한 상태.

[3] 彼是莫得其偶 謂之道樞 樞始得其環中 以應无窮 是亦一无窮 非亦一无窮也 故曰莫若以明 『장자』, 「齊物論」

저것과 이것이 상대를 얻지 않은 것을 도추, 곧 도의 지도리라고 한다. 지도리가 비로소 고리 구멍의 효용을 얻게 되면 무궁한 변화에 대응할 수 있게 된다. 이렇게 되면 '이것'도 또한 하나의 무궁이고 '저것'도 또한 하나의 무궁이다. 그래서 명明, 곧 밝음으로 판단하는 것이 최상이라고 말하는 것이다.

* 바퀴살 구멍이나 문짝의 지도리는 바퀴를 굴리고 문을 여닫을 수 있는 중심적 기능을 하는 것인데, 모두 속이 비어 있어야 가능하다. 속이 꽉 채워져 있으면 굴리고 돌리고를 할 수 없다. 그래서 장자는 이것에 빗대어 이것과 저것, 옳음과 그름의 구별이나 차별을 만들어 내는 아집 덩어리인 자신을 없애라고 말한다. 이것이 있으면 저것도 있다는 식의 단순한 상대주의를 말하는 것이 아니라, 애초부터 이것과 저것의 구분이라는 것이 있지 않았다는 주장으로서, 자연은 이것과 저것, 옳음과 그름과 같은 상대적 구분이 애초부터 없는 곳이며, 그런 의미에서 만물은 모두 동등한 가치를 지니고 있다는 만물제동萬物齊同의 자연을 말하는 것이다. 구분을 만들어 내는 것은 사람 자신의 고집이며 편견이므로 그것을 텅 비워 내고 자연과 함께 가라는 말이다. 덧붙여 장자는 시비, 곧 옳음과 그름을 조화하는 것을 '양행兩行'이라고 하고, 그 조화되어 있는 상태를 '천균天鈞'이라고 표현했다.

_지은이

떠나는 사람들

10

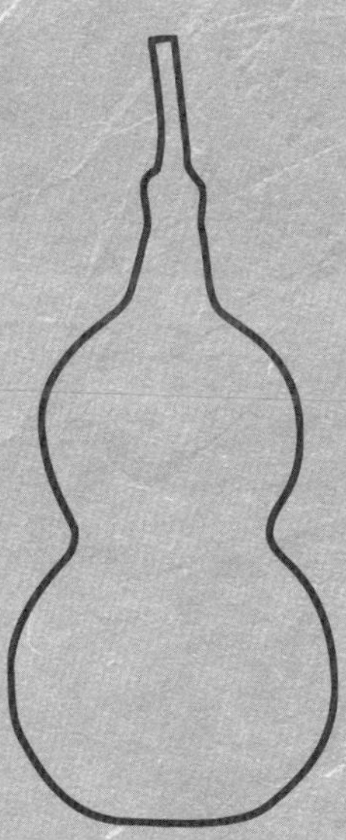

한참을 묵묵히 들일을 하던 장주가 뒷짐을 쥔 채 천천히 걷고 있었다. 딱히 어디를 향하는 것도 아니고 그저 어슬렁거리고 있는 것처럼 보였다. 그 뒤를 '다와'와 '통바'가 따르고 있었다. 이곳저곳 돌아다니며 마을 구경을 하던 김 기자와 손 기자가 그 모습을 보고 다가왔다.

"장주 님, 뭐 하십니까?"

장주가 싱긋 웃었다.

"개미들이 내 놓은 길 따라 걸어 보고 있지."

"개미 길이 보이십니까?"

손 기자가 땅을 내려다보며 묻자 다와가 소리 내어 웃었다.

"소요유 놀이를 하시는 겁니다."

"소유욕이요?"

손 기자의 뜬금없는 말에 통바가 또 웃었다.

그의 말인즉, 느릿느릿 이리저리 그저 발걸음 닿는 대로 거닐면서 몸도 마음도 쉬는 놀이가 바로 '소요유'[1]라는 것이었다. 그리고 이런 산보 또는 산책은 우주의 요람에서 같이 흔들리는 것처럼 사람을 쉬게 하는 것이라고 했다.

김 기자는 오래전에 틱낫한 스님이 이끄는 프랑스의 공동체 '플럼빌리지'에 다녀왔던 일을 떠올렸다. 숨 쉬는 게 거추장스럽게 느껴질 정도로 느리게 걷던 '걷기 명상'을 따라하면서 그는 가만히 앉아 있는 것보다 걷는 게 마음을 비우는 데 더 효과적이라는 걸 깨달았다. 가슴 속에 슬픔이 가득 차 있던 그때, 그는 가만히 앉아 있으면 오히려 심장이 날뛰다가 목까지 요동쳐 오르고, 마침내는 머릿속까지 들쑤셔 벌겋게 부어오르는 것 같았다. 오히려 천천히 걸어 보니까 느린 발걸음에 맞춰 맥박이 지긋이 눌려지면서 뜨겁고 거친 열기가 식어 갔다.

"일종의 걷기 명상이로군요?"

김 기자가 묻자, 장주가 불쑥 말했다.

"명상은 무슨…… 그저 허리 쉼이나 하자는 거지."

김 기자가 머쓱해서 머리를 긁는데 손 기자가 조심스레 말을 꺼냈다.

"저, 아까 말씀 중에 궁금한 게 있는데요……."

김 기자가 피식 웃었다. 궁금한 것을 못 참는 성격에 묻기는 해야겠고, 물었다가는 또 대답이 한없이 길어질 것 같아서 손 기자가 아까부터 주저주저한다는 것을 눈치채고 있기 때문이었다.

"아까 말씀하신 거, 세상을 꽉 채우고 있는 기운 말씀인데요…… 그거 '카오스'라고 하는, 우주 본연의 모습, 그거 아닌가요?"

"카오스? 혼돈 말인가?"

장주가 되물었다. 손 기자가 반가워하며 다시 말했다.

"네, 카오스. 그걸 우주의 시작이라고 말하거든요. 처음엔 그런 무질서 상태였다가 거기서 물질이 생기고……."

"처음에 우주의 혼돈 상태, 그 다음에 질서 상태, 그 다음에 다시 혼돈 상태. 세상이 이렇게 진행되는 걸까? 아까도 말했듯이 이 우주는 그저 기운의 취산(聚散), 곧 모이고 흩어지는 게 무심히 이루어지는 곳이야. 뭉쳐진 걸 질서 상태라고 한다면 흩어진 걸 무질서라고 하겠지만, 과연 그렇겠나? 흩어져 있는 것이 본연의 모습이라고 하고 그 입장에서 보자면 흩어져 있는 게 질서이고 뭉쳐진 게 불안전한 상태라고 할 수 있다네. 무슨 말인지 알겠는가?"

"어젯밤에 술기운 때문에 장주 님 말씀을 제대로 못 들었더니 복습이 안 되어서……."

손 기자가 얼굴을 붉히며 씩 웃자 장주가 옛날이야기를 하나 해주마고 했다.

옛날에 저 남쪽 세상을 다스리는 '숙(儵)'이라는 날쌘 이가 있었어. 북쪽 세상은 '홀(忽)'이라는 또 다른 날쌘 이가 다스렸고, 가운데 세상에는 '혼돈(混沌)'이라는 이가 있었다네. …… 숙과 홀은 인물도 좋고 몸매도 날렵한데다 맵시까지도 좋았는데 혼돈만큼은 눈, 코, 입도 없이 두루뭉수리하게 생긴데다가 동작도 굼떠서 그가 움직이고 있는 것인지 가만히 있는 것인지 분간이 가지 않을 정도였지……. 숙과 홀은 가끔 가운데 세상의 혼돈의 땅으로 와서 놀곤 했는데 그때마다 혼돈이 대접을 아주 잘해 주었어.

어느 날 숙과 홀은 혼돈에게 뭔가 보답을 해야겠다고 생각했지.

"사람들은 모두 얼굴에 눈, 코, 입, 귀의 일곱 개 구멍이 있어 보고 듣고 먹고 숨 쉬는데, 우리 혼돈에게는 그게 없으니 볼 때마다 딱했다오."

"맞소! 그러니 혼돈에게 어디 구멍 한번 멋지게 뚫어 줍시다."

이렇게 해서 하루에 하나씩 혼돈의 얼굴에 구멍을 뚫어 주었겠다. 이레 되는 날, 기대에 차서 마지막 구멍을 뚫는 순간 혼돈은 그만 죽어 버리고 말았다네.[2]

이야기를 듣고 난 손 기자가 뭔가를 골똘히 생각하면서 고개를 갸우뚱했다.

"그 말씀은 역시 혼돈 상태가 더 좋다는 뜻인가요? 일곱 구멍이 생기니까 죽어 버렸다는 건……."

장주가 자신 없어 하는 손 기자를 위로하듯 다정히 어깨를 두드려 주었다.

"혼돈 상태가 더 좋다는 걸 말하려고 한 게 아니라네. 다만 억지로 이게 본연이니까 이게 더 좋다 저게 본연이니까 저게 더 좋다, 이러는 게 어리석은 짓이라는 걸 말하려는 게지. 흩어져 있는 게 본연이고 뭉치는 것은 잠시 한순간뿐이라고 해서, 흩어져 있는 게 뭉쳐 있는 것보다 더 좋다고 말할 수 있겠는가? 더 좋고 나쁘고가 애당초 없는 거야. 이것이 좋다고 한다면 저것은 덜 좋거나 나쁘다는 말이 되고, 이것이 나쁘다고 한다면 뭔가 나쁘지 않은 게 있다는 말이 되는 거 아니겠나? 그러니 그 어느 쪽 흐름 속에 있더라도 언제나 편안히 지내야 한다네. 나만 멈춰 있을 수 있겠는가? 그러니 편안히 가야지. 더 좋다, 더 나쁘다를 생각하는 순간 마음은 편안할 수가 없어져."

"그게 장주 님이 말씀하시던 '무위자연(無爲自然)'의 경지인가요? 편안히 가는 거요?"

김 기자의 물음에 장주가 고개를 끄덕였다.

"결국엔 그런 말이 되지. 억지로 무엇인가 하려고 들지 말고 그저 자연의 흐름에 몸과 마음을 맡기는 걸세. 그러면 남도 편하고 나도 편하지."

"아무것도 하지 말고요?"

손 기자가 손바닥을 내보이며 물었다. 그는 이참에 그동안 궁금했던 것을 다 물어보려는 것 같았다.

"왜 아무것도 하지 않아? 뭔가를 해야 할 때 안 하는 것도 억지고, 해야 하지 않을 때 굳이 하는 것도 억지인 게지. 그런데 대개는 차라리 하지 않는 게 나을 때가 많아. 사람은 얕은 꾀, 야비한 계산, 비겁한 술수에다가 맹랑한 자기합리화까지 곁들여서는 끊임없이 뭔

짓을 하지. 제 욕심에 눈이 어두워져서 제 머리 제 몸을 고달프게 한다네. 그러니까 대개는 무엇을 하든지 그것은 하지 않는 것만 못해. 그래서 귀하고 천한 것, 좋고 나쁜 것, 아름답고 미운 것의 구분을 두지 말라는 거야. 자기 욕심, 자기감정에 가려서 재단해 낸 자기 기준으로 구분하기 십상이거든. 아닌 척해도 사실은 그래. 그러니 억지로 뭔가를 하려고 공연히 몸과 마음을 고단하게 만들지 말고 그저 저절로 되는 대로 흘러가야 한다는 거지."

"그렇지만 그런 자기 욕심도 자연스럽게 내 안에서 나오는 거잖습니까? 내가 살아 있는 동안은 나를 벗어날 수 없는 게 당연한 것 아닐까요? 그러면 내 생각 내 욕심을 차단하는 게 오히려 억지인 것 같은데요……."

이번에는 김 기자가 작정한 듯 나섰다.

"그게 진짜인지, 아니면 뭔가에 씌어서 어리석은 생각에서 나온 가짜인지 잘 생각해 보면 알 수 있는 걸세. 나를 내게서 조금만 떨어뜨려 내려놓고 보란 말이지."

장주가 딱 잘라서 말했다. 김 기자는 생각 없이 물은 것처럼 보였을까 봐 조금 움찔했지만, 이왕 말이 나온 김에 새벽부터 궁금했던 것을 묻기로 했다.

"나를 고집해서 남을 바꾸려고 하는 것이 가장 억지스런 일이라고 얼마 전에 말씀하셨지요. 그런데 왜 나팔 님이 뭔가를 하려고 돌아가는 것은 말리지 않으시는 건지?"

장주가 문득 고개를 들어 김 기자를 쳐다봤다. 김 기자는 아차 싶었다. 새벽의 대화를 엿들었다는 말이 되었으니까. 그러나 장주는 곧 눈웃음을 보냈다.

"들었구먼……. 그건 말일세, 나팔이 하려는 일은 억지가 아니거든. 그가 타고난 본성이 그래. 자기 안에 멈춰 있으면 그는 괴로워서 견딜 수가 없어져. 자기보다는 다른 사람의 고통이 귀에 가득 차 있지. 그가 부는 소리는 자기가 아니라 고통 받는 사람들의 소리를 대신한 거야. 그는 자기 몸이 그것을 위해 쓰이는 존재라는 걸 알아. 그의 몸속엔, 타고난 삶을 자연스럽게 누리고 살고 싶지만 억지를 쓰는 다른 인간들 때문에 그렇게 살지 못하는 순한 사람들의 눈물과 핏물이 혈관을 타고 흐른다네. 그래서 그는 도무지 견딜 수가 없는 거야. 그가 억지로 그걸 임무라고 내걸고 나선 게 아니야. 여기서 소요유나 하고 있는 건 그에게 자연스러운 게 아니야. 오히려 억지가 되거든. 그의 자연은 저 뒤끓는 세상 속이야. 그러니 내가 그를 보낼 밖에."

김 기자가 밝은 얼굴로 고개를 끄덕였다. 손 기자의 얼굴도 밝아졌다.

"내가 너무 내 말만 하지. 잘 알아듣게 설명도 못하면서 말이야. 미안허이. 사실은 말이야……."

장주가 두 사람의 귀에다 대고 속삭였다.

"사실은 말이야, 나도 내가 하는 말을 다 몰라……."

"네에?"

김 기자와 손 기자가 어이없어 하자 장주가 고개를 뒤로 젖히며 껄껄 웃었다.

한동안 말없이 먼 산을 바라보고 있던 장주가 갑자기 그들 곁에서 있는 은행나무를 냅다 걷어차고 펄쩍 물러났다. 두 사람이 얼떨떨해 있는 사이에 은행 열매가 우박처럼 우수수 떨어졌다. 땅에 떨어져 구르는 은행 열매에서는 고약한 냄새가 진동했다.

두 기자는 으악 비명을 지르며 도망쳤다. 하지만 그들은 곧 장주에게 붙잡혀 와서는, 그만 코를 쥐고 은행을 줍는 신세가 되었다.

은행이 든 자루를 발로 밟아 으깬 뒤 개울에서 깨끗이 씻어 내는 일은 힘들었다. 더욱이 그만 익숙해졌을 법도 하건만 냄새는 숨쉴 때마다 생소한 것인 양 코를 자극했다.

장주가 두 기자의 노동을 재미있다는 듯 쳐다봤다.

"우리들 사는 게 말이야, 이 은행을 씻는 일처럼 냄새나고 고단할 때가 많지. 그렇다고 이게 하찮다는 게 아냐, 내 말은."

김 기자가 장주를 쓱 올려다보더니 한숨을 쉬었다.

"그래도 때로는 그렇게 들려요. 어차피 무한한 세계 속에서 한 순간 존재하는 물거품 같은 게 너희 인생이다, 그러니 잠깐의 삶에 매여 울고 웃지 말고 그저 무심히 흘러가라……."

"나중에 돌아갈 것이라고 지금이 소중하지 않은 게 아니지. 다만 모든 게 다 소중하다는 거야. 나와 너와 저것들이 섞여 전체가 되는 거니까 다 같이 소중한 거야. 우주의 한 귀퉁이인 내가 소중하면 나머지 귀퉁이인 남도 소중한 거지. 내 말은 그 말이야. 또, 무심하라고 해서 울지도 말고 웃지도 말라는 말이 아니네. 사람으로 생겨났는데 어떻게 감정이 없을 수 있겠는가? 내가 무심하라는 것은 그런 게 아니네. 사람은 자칫하면 자기 울타리를 벗어나지 못하고 변덕을 부려서 때론 좋아하고 때론 싫어하지. 그런 감정을 가지고 자기 자신을 해치지 말라는 것이네. 그렇게 자기 자신을 너무 고집스레 붙잡고 싶어 하지 말라는 뜻에서 무심하라고 말하는 것이네.[3] 울 일에 울지 않고 웃을 일에 웃지 않으면 안 되지. 다만 진짜일 때 그렇게 해야 해. 진짜일 때 말일세. 그게 진짜 무심의 경지야. 진짜 웃음, 진짜 눈물은 자국이 남지 않는다네. 제 맘속이든 남의 맘속이든, 세상 속이든지 간에. 뭐든지 흔적이 남는 건 좋지 않아. 깨끗이 닦여 없어지고 말아야 해."

"그걸 실천할 수 있는 사람이 몇이나 될지 모르겠습니다."

손 기자가 시무룩해서 말했다.

"왜 안 돼? 조금만 더 벅벅 문질러 씻으면 된다니까!"

장주가 버럭 소리를 질렀다.

"벅벅 문지르라고요?"

은행을 닦던 두 기자가 어리둥절해하며 물었다. 장주가 또 장난스럽게 웃었다.

"그래. 냄새나는 껍질은 벅벅 문질러 없애 버리고 알맹이만 남기라니까."

두 기자는 한참 동안이나 장주네 식구들의 구경거리가 되어 은행 알을 닦았고, 장주는 뭐가 재미있는지 다와와 통바와 함께 알 수 없는 노래를 흥얼거렸다.

얼마나 지났을까, 해가 머리 꼭대기 근처까지 올라왔는데 멀리서 누군가 다급하게 외치는 소리가 들려왔다. 눈을 들어 보니 느림보가 다들 모이라고 다급하게 손짓하고 있었다. 뭔가 단단히 일이 벌어진 모양이었다. 장주 일행은 물기가 질질 흐르는 은행 자루를 나눠 들고 달려갔다.

마을 한복판에 사람들이 모여 있었다. 느림보가 이리 뛰고 저리 뛰고 하는데 당황해서 그런지 평소보다 더 심하게 팔과 다리가 흔들렸다.

"어, 없어졌어요! 모, 몽, 몽땅 가지고 가 버렸어요!"

느림보의 입술이 핏기 없이 하얘져 있었다.

"대체, 누가, 뭘……?"

뱀아비의 말이 채 끝나기도 전에 꽃다지가 달려오며 소리쳤다.

"소박이 없어졌어! 하나도 안 남기고 깡그리!"

다들 놀라서 여기저기 주변을 둘러보았다. 정말 조롱박 줄기마다 탐스럽던 소박이 하나도 보이지 않았다. 여물지 않은 것마저도 모조리 사라지고 잘린 줄기들만 어지럽게 흔들리고 있었다.

꽃다지가 땅바닥에 털썩 주저앉아 한탄하면서 앞치마 주머니에서 반짝이는 종이를 한 움큼 꺼냈다. 알록달록한 상표였다. '무하유 마을 생산품'이라는 글자 위에 '소박'이라는 상표명이 금박 글씨로 새겨져 있었다. 그 상표를 떡하니 붙여서 후한 값으로 소박을 팔기로 했던 것이다.

모두들 하나같이 입술을 깨물었다. 그 돈이 아까워서가 아니라, 종자도 안 남기고 싹 도둑맞은 게 너무 황당하고 분했다. 소박을 키우고 보면서 가졌던 재미며 사연들이 얼마나 많았던가. 사람 얼굴 모양의 소박을 이제 또 어디 가서 얻을 것인가……. 분하고 또 분했다.

"도대체 어떤 인간이 예까지 들어와 우리 소박을 훔쳐 간 거야?!"

대패가 가슴을 치며 소리를 질렀다.

"들어온 인간이 아니라 나간 인간일세……."

모두의 등 뒤에서 착 가라앉은 목소리가 들려왔다. 노 교수와 한 집을 쓰고 있던 나팔이었다.

"노 교수가 다 가져간 것 같아. 다들 들일 나가고 나자 웬 자동차 소리가 들렸는데, 그 다음부터 그가 보이지 않았어. 이상하다 싶어서 방에 가 봤더니……."

"설마 노 교수가!"

"도사 같던 노 교수가!"

"교수였다면서!"

"흥, 교수라고? 알 게 뭐야. 제 입으로 떠벌렸던 거지, 우리가 확

인한 거 아니잖아."

"매일 도가 어떠하니, 우주가 어떠하니 떠들더니만 결국 도둑놈이었어?"

"원래 도니, 우주니 운운하는 것들 가운데 진짜 도둑놈이 많은 법이지."

다들 경악하며 한마디씩 해 댔다.

청니가 푸른 이를 갈더니 장주에게로 화살을 돌렸다.

"우리는 그렇다 치고, 장주 님은 어찌 그리 사람 보는 눈이 없으셨소?"

그제야 다들 장주에게로 눈길을 돌렸다.

"아직 사정을 다 모르잖은가. 혹시 알아? 우리 대신 노 교수가 후한 값으로 다 팔아 올지……."

그러나 이렇게 말하는 장주의 목소리에는 힘이 하나도 실려 있지 않았다.

"그럴 요량이면 왜 우리에게 먼저 말하지 않았겠습니까? 씨받을 것 하나 남기지 않은 것으로 봐서 자기만 몰래 키워 두고두고 팔아먹을 작정인 것 같습니다. 허어, 참."

나팔이 헛웃음을 지으며 말했다.

"진짜 가짜였군. 진짜 가짜였던 게야."

장주가 한탄하자 김 기자가 그게 무슨 말이냐고 물었다.

"어설픈 가짜가 아니라 완벽한 가짜였단 말일세. 제대로 된 가짜는 가짜 티가 하나도 나지 않는 법. 우리는 진짜 가짜한테 된통 당한 걸세."

"조심들 하게. 말씀대로라면 우리 장주 님도 가짜인지 모를 일 아닌가."

대패가 통명스레 말했다. 아마도 끓어오르는 부아를 가라앉히려고 짐짓 농을 치는 듯했다. 그러나 농을 받을 줄 알았던 장주는 팔짱을 낀 채 말이 없었다. 머쓱해진 대패는 머리를 긁적였고 뱀아비는 그에게 눈총을 주었다.

김 기자와 손 기자는 기가 막혀 얼굴을 마주 보았다. 몇 년 전에도 사기꾼 연금술사에게 속아 큰 낭패를 보았던 장주가 아니던가. 욕심도 없고 심지가 얕은 것도 아닌 장주가 왜 자꾸 사람들에게 속는 걸까……. 정말 사람 보는 눈이 없는 걸까, 아니면 아예 사람 속을 보려고 하지 않아서일까…….

"자, 자, 털어 버리세. 어차피 우리도 우연히 주워다 심은 거였잖은가."

한동안 넋을 잃고 있던 장주가 손바닥을 탈탈 털면서 말했다. 하지만 누구도 아쉬운 마음을 쉽사리 털 것 같지 않았다. 그렇게 말하는 장주조차도 그건 불가능해 보였다.

"우리 샘물이 아니면 제아무리 노가 놈이래도 제대로 된 소박을 키워 낼 수 없을 거야. 그러면 다시 제 발로 기어 들어올지 모르지."

"그 인간이 씨나 제대로 받아 둬야 할 텐데……."

뭔가 위로가 될 만한 말을 서로 한 마디씩 했지만, 역시 상심해 풀이 죽은 모습이 역력했다. 일부는 낙심해 그냥 조롱박을 심었던 밭으로 가 앉았고, 일부는 느릿느릿 일을 하러 갔다.

잠시 후, 김 기자와 손 기자가 짐을 꾸려 나섰다. 뒤쫓기는 이미 늦은 것 같기는 해도 혹시나 서울로 올라가는 길에 흔적을 찾을 수 있을지도 모르는 일이고, 아예 서울로 들어갔다 하더라도 친구들을 동원해서 수배해 볼 수도 있는 일이었다.

나팔도 짐을 꾸려 같이 나섰다. 친구들이 낙담하고 있는데 떠나는 것이 못내 마음에 걸렸는지 그는 자주 찾아오겠다고 약속했다.

일행이 차를 타고 내려오면서 뒤돌아보니 장주가 무하유 마을 산비탈에 장승처럼 붙박이로 서 있었다. 장주의 머리 위로 한 무리의 겨울 철새가 어지럽게 날았다.

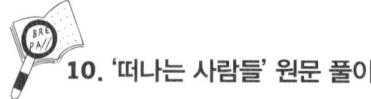

10. '떠나는 사람들' 원문 풀이

[1] 逍遙遊

이리저리 한가로이 거닌다는 뜻으로, 《장자》의 편 제목이기도 함.

[2] 南海之帝爲儵 北海之帝爲忽 中央之帝爲渾沌 儵與忽時相與遇於沌之地 渾沌待之甚善 儵與忽謀報儵沌之德曰 人皆有七竅 以視聽食息 此獨無有 嘗試鑿之 日鑿一竅 七日而沌死. 『장자』, 「應帝王」

남해를 다스리는 이는 '숙'이고, 북해를 다스리는 이는 '홀'이며, 중앙을 다스리는 이는 '혼돈'이다. 숙과 홀이 때때로 혼돈의 땅에서 함께 만났는데, 혼돈이 그들을 매우 잘 대접하였다. 숙과 홀이 혼돈의 덕에 보답하려고 함께 상의하여 말했다. "사람은 모두 일곱 개의 구멍이 있어 보고 듣고 먹고 숨쉬는데 혼돈만은 그게 없으니 어디 한번 구멍을 뚫어줍시다." 하고는 하루에 한번 구멍을 뚫었더니 이레만에 혼돈은 죽어버렸다.

[3] 吾所謂無情者 言人之不以好惡内傷其身 常因自然而不益生也. 『장자』, 「德充符」

내가 감정이 없다고 말한 것은, 말하자면 사람이 좋아하고 싫어하는 감정을 가지고 안으로 자신을 해치지 않고, 항상 자연의 도를 따라 무리하게 삶을 연장시키려 하지 않는 것이다.

* '도를 깨친 성인은 인간의 감정이 없다.'고 한 장자의 말에 혜시가 '사람이면서 어떻게 감정이 없을 수 있는가?'라고 물었는데, 이에 대한 장자의 대답이다.

_지은이

뒷이야기, 기다림

11

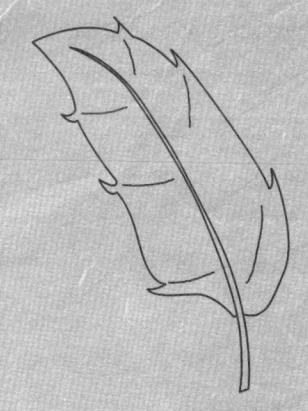

맹자는 주점의 묵은 먼지를 떨어내다 말고 의자에 앉아 무하유 마을을 생각했다. 겨우내 굳었던 땅이 녹으며 숨을 내쉬고 있을 것이다. 땅이 숨을 푹푹 쉴 때마다 땅거죽은 부풀어 오르며 곰팡내 나는 김이 새어 나올 것이다. 그렇게 무하유의 마을에도 느지감치 봄이 찾아들고 있을 것이다.

주말쯤에는 이것저것 생필품을 싸 들고 찾아갈 작정이었다. 지난 겨울은 아마도 무하유 마을의 순진한 친구들에게 몹시 춥고 어두운 계절이었을 것이다. 소박술잔이 아닌 사기잔에 떠먹는 술맛도 제 맛이 영 아니었을 것이고, 밤새 수다를 떨어 줄 장주도 없으니 자기들끼리 아무리 흉내를 내어 봤자 흥이 나지도 않았을 것이다. 그나마 약속대로 나팔이 두 번이나 눈길을 헤치고 다녀갔다고 하니, 새벽녘 나팔소리에 놀란 나뭇가지가 부르르 떨면서 쌓인 눈옷을 사르르 쏟는 황홀경을 보았던 게 유일한 즐거움이었으리라.

맹자는 깊게 한숨을 내쉬었다. 얀춥이 노 교수를 따라나설 때 왜 붙잡아 두고 앞뒤 사정을 알아보지 않았던가. 두고두고 후회가 되는 일이었다. 내용은 이랬다.

어느 날 문득 노 교수가 소박을 가득 실은 소형 트럭을 몰고 맹자 앞에 나타났다. 소박을 판매해서 일부는 마을의 겨우살이 비용으로 쓰고, 또 일부는 이주 노동자들의 생활 자금으로 삼고, 또 일부는 얀춥과 장주의 살림을 합치는 데 쓸 것이라고 했다.

앞의 두 가지는 그러려니 했으나, 마지막 얀춥과 장주의 살림 어쩌고저쩌고는 너무나 느닷없는 소리였다. 맹자가 황당해하자 노 교수는 장주가 틀림없이 그러마 했다고 우겼다. 맹자는 노 교수에 대해 전해들은 바도 있고, 또 눈앞에 서 있는 당사자가 인품이 고상하고 세속을 떠난 사람처럼 보여 믿을 수밖에 없었다.

어쨌거나 장주도 얀춥을 각별히 생각하고 있었고, 얀춥 역시 오래 전부터 장주를 마음 깊이 의지하고 있는 것을 잘 알고 있었던 맹자는, 둘 사이가 그럴 수도 있을 것이라고 억지로라도 생각하기로 했다. 오히려 그렇게 중대한 일을 자기에게 먼저 말하지 않은 장주가 야속했다.

노 교수는 역시 장주의 뜻이라고 하면서, 얀춥에게 소박 파는 일을 도와 달라고 부탁했다. 맹자는 장주가 얀춥에게 그런 고생을 일부러 맡겼다는 것이 좀 미심쩍긴 했지만, 얀춥이 장주의 일을 돕는다는 마음에 너무 기쁘게 나서는 바람에 말릴 생각을 하지 못했다.

얼마 지나지 않아 얀춥이 초췌한 몰골로 맹자 앞에 다시 나타났을 때, 맹자는 경솔했던 자신을 원망했다. 티베트 특산물인 것처럼 팔면 더욱 잘 팔릴 것이라는 노 교수의 말에 따라 얀츕은 떳떳하지는 않았지만 장주를 돕겠다는 일념으로 소박을 열심히 팔았다고 했다.

그런데 어지간히 팔렸다 싶었을 때, 노 교수가 홀연히 자취를 감춰 버렸다. 물론 돈도 모두 가져갔다. 그제야 속은 걸 안 얀츕은 눈물을 뚝뚝 흘리며 다시 맹자를 찾아왔던 것이다. 맹자 역시 후회하면서 가슴을 쳤지만 이미 뒤늦은 일이었다.

맹자는 서둘러 앞뒤 사정을 장주에게 알렸는데, 내용을 전해들은 장주가 하룻밤 내내 묵묵히 앉아 생각에 잠겼다가 새벽녘에 홀연히 마을을 떴다는 소식이 다시 돌아왔다. 맹자는 자신의 경솔함 때문에 벌어진 일인 것 같아 가슴을 쳤다. 더구나 천만다행으로 얀츕이 맘에 끌리는 소박을 몇 개 간직하고 있었기에 소박의 씨앗을 보존할 수 있게 된 것을 알고 나서는 더욱 안타까웠다. 그렇다면 노 교수가 떠난 것은 무하유 마을로서는 별일이 아닐 수도 있었기 때문이었다. 그저 한 해의 수확만 잃었다고 생각하면 그뿐이었다. 소박은 다시 혼돈의 샘물을 먹고 무하유 마을 언덕에 주렁주렁 달릴 수 있었다. 앞뒤 사정을 알리면서, 소박의 씨앗을 보존할 수 있게 되었다는 말까지 했더라면 장주가 떠나지 않았을지도 모르는 일이었다…….

맹자는 깊이깊이 후회했다. 얀츕이 몇 날 며칠을 두고 입술이 허옇게 부르트도록 고민하다가 끝내는 짐을 싸들고 그 추운 무하유 마을로 떠나 버리자 맹자는 너무 상심해 한동안 주점 일도 접고 앓아

누웠다.

겨울이 가고 있었다.

얀춥은 겨우내 장주네 동굴에 간직한 소박 씨를 하루에도 몇 번씩 들여다보면서 장주를 기다리고 있다고 했다. 봄이 완연해지면 좋은 날을 가려 마을 여기저기에 소박씨를 심을 참이라고 했다. 그때까지도 장주가 돌아오지 않으면 어쩔 것인가…….

맹자는 또다시 훌쩍 떠나 버린 장주가 야속했다. 언제라도 피곤해지면 자신의 마을로 와서 쉬라는 말을 하지 않았던가. 세상에서 악쓰고 살다가 눈꺼풀이 무거워지면, 어깨가 짓눌리면, 뒷골이 뻣뻣해지면, 기력이 빠져 다리가 후들거리면 언제라도 와서 쉬라고 하지 않았던가. 그래서 맹자는 언제라도 고단한 몸을 누일 뜨끈한 아랫목이 턱 버티고 있는 것처럼 마음이 든든했고, 그래서 기진할 때까지 소리치고 일할 수 있었다. 이제 아랫목에 장작불을 넣어 줄 친구가 사라졌으니 어디 가서 쉴 것인가…….

장주가 쉽사리 돌아올 것 같지는 않았다. 그가 떠난 것은 도둑에게 속은 것이 분해서도, 얀춥의 어리석음이 미워서도 아닐 것이기 때문이다. 짐작건대 장주는 뭔가 버리고 비워 내야 할 것이 있었을 것이고, 다 덜어 낼 때까지는 잠도 자지 않고 먹지도 않고 생각도 하지 않고 바람결에 옷깃이 다 닳을 때까지 그저 하염없이 흘러 다닐 것이 분명했다.

…… 해서 맹자는, 얀촙은, 친구들은 깃털처럼 가벼워진 장주가 벌겋게 웃으며 나타날 때까지 그저 기다리기로 했다.

오래도록 기다리다가 제풀에 마음들이 엷어져서는,

어느 날 문득 장주가 마을을 나갔다는 사실조차 잊어버리고,

그저 곤히 잠자고 무심히 일어났을 때,

장주네 굴속에서 흘러나오는 노랫소리를 들을 수 있을 것이다.

부록

장자 소개

장자는 춘추 전국 시대 철학자로서, 이름은 주(周)이고, 자(字: 이름 대신 부르는 이름)는 자휴(子休)라고 합니다. 노자의 '무위자연' 철학을 이어서 '노장사상'이라고 하는, 고대 중국 철학사상 주요한 갈래를 이룬 사상가입니다. 맹자와 같은 시대 사람으로 알려져 있지만, 인물이나 생애에 관한 자세한 기록은 거의 없습니다. 가장 오래된 기록은 사마천의 《사기》에 있는 235자의 짧은 글뿐인데, 그에 따르면 장자는 송나라 몽(蒙) 지방의 말단 관리였다고 합니다. 그가 임금의 초빙을 받거나 직접 만난 적도 있다는 기록도 있지만, 이는 거의 신빙성이 없는 얘기라고 합니다. 그의 사상이 세상의 권력을 차지하거나 영토를 확장해서 국가의 위세를 떨치거나 하는 것과는 거리가 멀었기 때문입니다. 따라서 그에 관해 알려면 《장자》를 읽는 것이 지름길입니다. 《장자》를 통해서 그가 위(魏)나라의 재상을 지낸 혜시와 절친한 사이였고, 결혼해서 아내와 자식을 두었으며, 제자를 두었다는 사실 정도는 짐작할 수 있습니다. 이렇듯 노자와 더불어 장자까지도 인물에 관한 것은 알려진 바가 거의 없지만, 그의 사상만큼은 방대한 《장자》 책을 통해 전해짐으로써, 노장 철학은 중국 철학사를 넘어서 동양 철학사 전체에 큰 영향을 끼쳤습니다.

《장자》 책 소개

장자라는 사람에 대한 기록도 거의 없고, 그의 제자들에 의해 학문이 이어져 내려온 것도 아니었지만, 오늘날 '노장사상'으로 통하는 그의 사상이 동양 철학사에 있어서 중요한 위치를 갖는 것은 6만 5천여 글자로 이루어진 《장자》라는 책이 남아 있기 때문입니다. 《장자》는 내편 7편, 외편 15편, 잡편 11편으로 구성되어 있는데, 장자가 살았던 시대보다도 뒤에 기록된 내용이 많기 때문에 이 중 어느 부분이 장자의 저술인지 꼭 집어서 말하기는 어렵습니다. 대체로 《장자》 중에서 〈소요유〉편에서 〈응제왕〉편에 이르는 '내편(內篇)' 일곱 편은 장자 자신의 말이라고 알려져 있습니다. '내편' 말고 《장자》를 구성하는 '외편'이나 '잡편'도 장자의 사상에서 벗어나는 것은 아니지만, 그래도 장자의 사상을 이해하는 데는 '내편'을 읽는 것이 가장 중요합니다.

《장자》는 공자의 언행을 기록한 《논어》나, 맹자의 말을 기록한 《맹자》처럼 자신의 주장을 직접적으로 설명해 드러내는 것이 아니라, 우화, 곧 이야기의 형식을 빌려서 자신의 철학을 말합니다. 《장자》를 보면 거의 처음부터 끝까지 화려하고 장대하고, 세밀하고 꼬치꼬치 따지고, 기이한 이야기가 가득합니다. 어려운 글자도 많고 해석하기도 어렵지만, 일단 여러 가지 해설서의 도움을 받아서 읽기 시작한다면 점점 더 장자가 이야기하는 세계 속으로 즐거운 여행을 떠날 수 있습니다.

장자의 사상

앞서 이야기한 것처럼 장자에 대해 가장 앞선 기록을 남긴 역사가는 사마천입니다. 그는 장자를 일러 "공자의 무리를 꾸짖고 노자의 학술을 밝혔다."고 하였습니다. 그러나 장자의 말이라고 알려져 있는《장자》내편에 장자가 직접적으로 유가를 비판하는 내용은 없습니다. 그렇긴 해도 장자는 기본적으로 유교를, 사람의 자연스런 본성을 옥죄는 것으로 이해했습니다. 앞선 시대의 노자와 더불어 '무위자연(無爲自然 아무것도 인위적으로 하지 않음)'을 노래하는 것을 보아도 장자가 얼마나 호방한 성격이었는지 짐작할 수 있습니다.

장자는 무엇보다도 '무위자연'을 강조합니다. 있는 그대로, 생겨난 그대로 놓아두지, 여기에 인위적인 잣대를 들이대서 무언가 규제하고, 꾸미고, 재단하지 말라는 것입니다. 춘추 전국 시대는 세력 다툼을 벌이는 나라마다, 권력 싸움을 벌이던 정치가마다, 저마다 자신의 논리를 주장하는 제자백가마다 치열한 경쟁과 다툼이 있던 시기입니다. 싸움과 규제에 지친 사람들에게, 억지로 무언가를 하지 말고 자연의 질서에 고요히 몸을 맡기라는 노자, 장자의 사상은 큰 울림을 주었을 것입니다.

장자는 수많은 우화를 동원해서 '나' 또는 '사람'이 갖는 주관적 편견을 없애라고 말합니다. '나'의 잣대로 보면 어쩔 수 없이 편견이 생기고, 고집이 생깁니다. 그러나 상대의 입장이 되어 본다면 절대적인 잣대라는 것은 그저 헛것에 불과하다는 걸 알게 됩니다. 이쁘다, 좋다는 판단도 지금 나의 입장에서 볼 때 그렇다는 것이지, '나'라는 기준을 벗어나 상대의 입장에 서서 판단한다면 얼마든지 달라지는 것들입니다. 지금 좋았던 것이 나중엔 나쁜 것이 되기도 하고, 지금 내게 좋은 것이 남에게는 나쁜 것이 되기도 합니다. 절대적으로 언제 어디서나 모두에게 좋은 것이란 있을 수 없습니다. 내가 스스로 경계를 긋는 순간, 나는 내가 그어놓은 그 경계에 속박됩니다. 그래서 장자는 잣대라는 것, 그 자체를 없애고 자유스러워지라고 주장합니다. 잣대를 없앤다는 것은 곧 '나'를 위주로 판단하는 고집을 버리는 일입니다. 편견의 시작이었던 '나'라는 경계가 사라지면, 어느 한 편이 아니라 전체를 아우를 수 있습니다. 나의 생각을 구속하고 가리는 '가짜'에서 벗어나 진짜 자유를 찾아, 자연과 하나 되어 편안하고 여유롭게 거니는 것이 장자가 생각한 '만물이 모두 하나가 되는' 도(道)의 세계입니다.

읽고 풀기

1. 장주는 '나'라는 존재뿐 아니라, 길거리 기왓장에도, 하늘을 나는 새에게도, 땅 위를 기는 개미에게도 모두 이것이 들어 있다고 말했습니다. 이것은 무엇일까요? 한자로도 써 보세요. 1장 참고

2. 장주는 나비가 되는 꿈을 꿉니다. 꿈에서 깨고 나서는 "내 꿈에서 내가 나비가 되었던 것인지, 아니면 나비의 꿈속에서 나비가 장주가 되어 있는 것인지" 헷갈린다고 말합니다. 장주와 나비는 분명한 구별이 있지만, 만물 변화의 관점에서 보면, 장주가 나비가 되고 나비가 장주가 되기도 합니다. 이것을 가리키는 말이 있는데, 이 말은 무엇일까요? 3장 참고

3. 장주는 혜시와 '쓸모'에 대해서 논쟁을 벌입니다. 혜시는 울퉁불퉁하고 구부러진 큰 가죽나무를 예로 들며, 쓸모가 없기 때문에 아무도 거들떠보지 않는다고 말했습니다. 이에 장주는 그렇지 않다고 말합니다. 장자는 어떤 이유를 들면서 반론을 폈을까요? 4장 참고

4. 장주는 친구인 혜시의 도움을 받아 금(金)을 합성하는 기술을 개발하려고 합니다. 비록 사기를 당해서 그 꿈은 좌절되고 말았지만, 장주가 금을 합성하는 기술을 만들려 했던 이유는 무엇인가요? 6장 참고

5. 장주는 그의 친한 친구 혜시의 영안실에서 친구의 죽음을 슬퍼하기는커녕 미소를 짓고 있습니다. 아내가 세상을 떠났을 때엔 심지어 노래를 부르며 춤을 추기까지 했지요. 장주가 사랑하는 사람의 죽음을 슬퍼할 일이 아니라고 생각한 까닭은 무엇일까요? 7장 참고

6. 장주가 항상 입에 달고 다니다가 혜시가 떠난 후 여러 사람들과 어울려 함께 살게 되는 마을, '무하유지향無何有之鄉'은 무슨 뜻인가요? 8장 참고

7. 옛말에 '오리 다리가 짧다고 해서 이어 주면 슬퍼하고, 학의 다리가 길다고 해서 자르면 슬퍼한다.'라는 말이 있습니다. 이것은 우리에게 어떤 가르침을 주고자 한 말일까요? 8장 참고

8. 장주는 그저 발걸음 닿는 대로 거닐면서 몸과 마음을 쉬는 놀이를 ______라 하고, 억지로 무엇인가 하려고 들지 말고 그저 자연의 흐름에 몸과 마음을 맡기는 경지를 ______이라고 했습니다. 괄호 안에 들어갈 말은 각각 무엇일까요? 10장 참고

* 읽고 풀기의 PDF는 blog.naver.com/totobook9에서 다운로드 받을 수 있습니다.

1. 도(道)

2. 물화(物化)

3. 쓸모라는 것은 달리 생각할 수 있습니다. 굽고 울퉁불퉁하다고 해서 재목감이 못되는 쓸모없는 나무라고만 생각할 게 아니라, 일찌감치 사람에게 베일 일이 없기 때문에 크게 자라 큰 그늘을 드리울 수 있게 되었다고 생각할 수 있는 것입니다. 큰 그늘도 나무의 큰 쓸모가 된다는 말이지요. 더구나 쓸모라는 말 자체도 결국 가죽나무의 입장이 아닌 사람의 입장에서 하는 말입니다. 가죽나무 입장에서는 인간에게 쓸모가 없는 것이 오히려 자신의 생명을 보호할 수 있는 일이 됩니다.

4. 장주가 금을 합성하는 기술을 개발하고자 한 이유는 금이 '귀한 것'이라는 가치를 깨기 위해서였습니다. 금의 비싼 값어치는 사람들이 너도나도 귀하다고 여겨서 만들어진 거짓된 허상이지, 금이 본래부터 타고난 가치가 아니기 때문입니다. 누구나 금을 만들 수 있게 되면, 금값에 대한 환상을 깰 수 있기 때문에 장주가 연금술을 개발하려고 했던 것입니다.

5. 장주는 인간을 비롯한 모든 생명이 봄여름가을겨울 사계절의 순환처럼 삶과 죽음을 반복한다고 생각했습니다. 장주는 삶이라는 것 자체가 본래 없었던

것이고, 곧 끝없는 시간 속으로 사라지는 짧은 순간에 지나지 않는 것이라 여겼습니다. 생명을 잃고 죽으면 대자연으로 돌아갈 뿐이지, 삶에 어떠한 의미나 이유를 덧붙일 필요는 없다 여겼기에, 죽음에 슬퍼하지 않았습니다.

6. 아무것도 없는 마을

7. 오리와 학이 타고난 생김도 다르고, 살아가는 방식도 다르기 때문에 다른 것을 억지로 같게 해서는 안 된다는 말입니다. 우주에 있는 모든 것은 같은 것이 없기 때문에 '차별'이라는 것도 처음부터 아예 성립할 수 없다는 게 장주의 생각이기도 합니다. 태어난 대로 생긴 대로 살아가는 것이 가장 자연스럽고 좋은 것이라는 가르침을 담고 있습니다.

8. 소요유(逍遙遊), 무위자연(無爲自然)